世界伟人传记

史怀哲

Schweitzer

陈月文 编写

U0898659

陕西出版传媒集团
陕西人民出版社

超越四分之一世纪的期许

——“世界伟人传记”丛书序

早于四分之一世纪前的一个黄昏，有一群中年人和青年人会聚在东方出版社已故创办人游弥坚先生的家里，听取游先生语重心长的谈话。当时台湾的经济情况远不如今日，但已然有萌芽起飞的征兆。社会民生的物质生活，显见较有长足的进展；但是精神生活的提升，则颇嫌步调缓慢。以出版界而言，纸张印刷既不能与今日比，而出版社也寥寥可数，成人的刊物虽然有一些，但少年读物则十分贫乏。游弥坚先生有鉴于此，想要为少年男女编纂一些健康有益的优良读物。他的构想分两方面：一方面要从世界文学名著之中整理出一套可供少年阅读的《世界少年文学选集》，同时也配合出版适宜少年阅读的“世界伟人传记”。那个黄昏会聚在游先生家里的中年人和青年人，便是一群从台湾各地挑选出来担任执笔者。当时还在台大中文研究所读书的我，便是其中之一。虽然，那个黄昏距离现在已超过四分之一世纪的遥远，我仍然不能忘记游先生对于少年读者的关怀，也还记得大家曾经多么热烈地交换意见和互相鼓励的情况！

对于当时的中小学生而言，课外的娱乐活动种类极少，而可供他们课外阅读的书籍更是几乎没有。游先生的这两大套书的出版构想，可说是跨时代的高瞻远瞩。我们讨论到如何分配工作，也商量怎样在分工合作的情况之下，尽量达成异中有同的终极目标。

精选出来的二十多位世界伟人，完全是基于客观公正的立场，所以兼容古今中外，并没有特别强调民族本位的色彩，从教育、文学、科学、政治及艺术等各部门选出最受世人崇仰敬爱的伟大人物。每一位人物的生长背景各不相同，而他们在一生之中所表现的奋斗过程与不折不挠的精神，则是异中有同的。但是为了顾及少年读者阅读的兴趣，这些传记都避免正面冗长的说教性叙述，而多从日常生活富于启发性的小故事来传达伟人所以成功的道理；尤其是着重在他们年少时代的生活特征，以诱发少年读者们的共鸣，希望我们的少男少女在课外阅读这些趣味性浓厚而立意严肃的世界伟人传记时，能够于不知不觉之中领悟到做人处世的高尚理想。

这一套书中随处出现的精美生动的插图，乃是以图辅文，借以达到图文并茂的目的。每一个伟人传记的文后，都附有简单的年谱，让读者能够从中再度温习伟人的重要事迹。

自有“世界伟人传记”丛书的编纂构想以来，已经历了四分之一世纪的时间。这期间无论社会或个人都发生过种种变化，当初主其事的游弥坚先生已经作古，当初执笔撰写参与其事的人，也多四处星散，但是这一套书却一直流传下来，成为最受少年男女欢迎的课外读物之一。这么多年来，许多年少时读过这套书的人，也已经长大成人各奔前程。想到这些，我如今执笔为这一套丛书写序时，心中充满了感慨与感动。现在，我衷心希望无论过去与未来阅读这套书的人，都能深刻铭记编撰人的苦心，从伟人们的传记中汲取崇高的人生哲理。

林文月

史怀哲·序言

爱，是一切生命的原动力。史怀哲博士秉持着敬畏一切生命的博爱精神，在艰苦的环境下，将爱的种子撒播于人间。

博士出生于德属阿尔萨斯的牧师家庭，大学毕业后，便从事神职工作。他在偶然的机会中，得知非洲正急需医疗人员，于是毅然放弃讲师及牧师工作，开始学习艰深的医学课程，决心帮助非洲人免于病痛。

抵达非洲后，博士在物资缺乏及人力不足的重重困难下，以惊人的毅力，终于奇迹般在丛林中建立医院，救治了无数的病患，受到当地人的爱戴，被称为“非洲之子”。

博士一生倡导和平，抛弃物质的享受，身体力行地远赴非洲，将宝贵的人生奉献给最迫切需要他的地方。1952年获得诺贝尔和平奖的至高荣誉，永受世人赞扬。

编　者

目录

多愁善感的少年

中学时代

斯特拉斯堡大学

非洲行医甘苦备尝

和平使者

多愁善感的少年

DUOCHOU SHANGAN DE SHAONIAN

「我如果每星期也能喝两次肉汤的话，我绝不会输给你！」盖兴尔格的话像根针般，深深刺痛了史尔哲的心。

差点活不成

法国的阿尔萨斯，在一八七五年仍是德国的属地。那个地区盛产美味可口的葡萄，当地的居民，都因为葡萄丰收，而赚了大笔财富。

就在这一年的一月十四日，阿尔萨斯凯萨堡附近，有一位牧师的家里，诞生了一个小男孩。

这个小男孩和所有刚出生的婴儿一样，爱哭也爱睡。谁也想不到，这位名叫“阿尔伯特·史怀哲”的男孩，长大后竟成为世界上最受人敬佩的伟人之一。

史怀哲小的时候，身体非常孱弱，他的父母亲经常抱着娇小的史怀哲，到处请求医师为他看病。但是，每一位医生看过史怀哲以后，都摇摇头，认为他的健康状况实在太差了，活不长。

在史怀哲六个月的时候，他的父亲从副牧师荣升为牧师。

就职典礼那一天，妈妈为史怀哲穿上一件镶有丝带的白衣服，使他看起来又高贵又可爱。

在就职典礼上，许多牧师太太都陪着牧师，一道前来祝贺。那些牧师太太走到史怀哲妈妈的身边，想逗逗小史怀哲，称赞史怀哲长得很可爱。

可是，当她们看到裹在衣服里的史怀哲，又瘦又小、满脸皱纹，像只猴子一样时，她们一句话也说不出来了。为了不让史怀哲的妈妈伤心，每位牧师太太都假装没有看到史怀哲，将视线转移到别的地方，一副非常尴尬的样子。

史怀哲的妈妈，看到牧师太太们的表情，难过地抱紧史怀哲，哭着跑回家里。她又伤心又难过，心底有一股绝望的感觉，很害怕史怀哲真的活不久了。

但是，奇迹竟然出现了。史怀哲的爸爸转到琼斯巴赫去当牧师以后，那个地方新鲜的空气和邻居每天送来的新鲜牛奶，竟然让史怀哲的身体一天比一天健康。到了史怀哲两岁大的时候，他已经是一个活泼、强壮的小男孩了。

从三四岁开始，史怀哲每个星期日都被家人带到教堂，和大家一起做礼拜。那个时候，他的年纪小，比较不懂事，不是唱歌唱得太大声，就是牧师祷告时猛打呵欠，紧张的女管家，常会急忙用手掩住史怀哲的小嘴。后来史怀哲回忆说：

“女管家手上经常戴着一双发了霉的手套。直到现在，我还记得手套上浓浓的霉味呢！”

不久，发生了一件让史怀哲一直难以忘怀的事，那就是教堂里的“魔鬼脸孔”。

每一次到教堂里做礼拜的时候，史怀哲都会看到风琴旁边那面镜子里有一张长满胡须的可怕脸孔，直瞪着史怀哲和全教堂的人。

但是，每次风琴的声音一响起来，或者史怀哲的爸爸一站上讲坛，开始祈祷的时候，那张可怕的“魔鬼脸孔”就不见了。

“那一定是魔鬼想到教堂害人，只有圣歌和爸爸的祈祷，才能吓走他。”史怀哲暗想。

虽然这张脸让史怀哲感到害怕，但他也因此更相信上帝，只有上帝才能赶走邪恶的魔鬼。

“魔鬼脸孔”的秘密，一直到史怀哲上小学以后才揭开来，原来，镜子里的脸孔根本就不是什么魔鬼，而是风琴手伊尔茅斯先生。当他不弹风琴的时候，经常会伸长脖子，看看史怀哲的爸爸什么时候要上讲坛讲道。这时，他的脸孔正好映在镜子里，那张满脸络腮胡的脸，猛一看还真有点吓人呢！

爱逗人的伊埃格烈

在琼斯巴赫镇上，有一位挖墓工人，名叫伊埃格烈，他是史怀哲小时候最害怕的人。

伊埃格烈也是教堂的敲钟人。每个星期天的早上，伊埃格烈敲完教堂的钟，提醒全村的人上教堂做礼拜，然后，他就会到史怀哲家去拿牧师用的歌本和洗礼的用具。

每一次伊埃格烈拿了东西，准备走回教堂时，都会摸摸史怀哲的头，用低沉而颤抖的声音告诉史怀哲："嗯！快长出角来了！"

长角一直是史怀哲最担心的事，因为他的额头比其他的小朋友突出。自从伊埃格烈说他会长角以后，史怀哲就常常摸自己的额头。也许是受到伊埃格烈的影响，史怀哲竟然也觉得自己的额头似乎越来越突出了，好像真的快要长出角来一样。

有一天，史怀哲在图画书上，看到一个小孩子因为说谎，头上长出两根尖尖的角，这一来，他就更担心了。

这种担忧，不只在伊埃格烈摸他额头的时候才会出现。到后来，甚至连每个星期天，伊埃格烈敲响教堂的钟的时候，那阵阵当当的声响，也会让史怀哲害怕地僵立住，无法动弹。

一直到一年以后，爸爸告诉他：

“只有说谎的孩子头上才会长角，而且那也只是书上的故事而已，放心，你绝对不会长出角来的。”

从此以后，史怀哲才不再害怕头上长角的事。

不过，当伊埃格烈知道，史怀哲已经不再相信长角的事以后，就换了个话题。他告诉史怀哲：

“我们普鲁士人哪，长大以后都要当兵，当兵的人要穿上铁做的盔甲，上战场和敌人作战。少爷，再过两三年，你就长大了，就要到对面巷子里的铁铺，去定制打仗用的盔甲喽！”

听到这番话以后，史怀哲只要一有空，就会跑到铁铺前面去，看看有没有军人到这儿来定制盔甲。

但是，他去了好多趟，每一次都只看到农人和商人，为他们的马和牛定做铁蹄，从来没有看过有人来定制盔甲。

虽然如此，史怀哲还是不放心。他常常去翻爸爸书架上的书，看看书里面的战士穿着什么样的盔甲。

史怀哲问妈妈：

“为什么军人都要穿又厚又重的盔甲呢？穿着那么重的盔甲，怎么走路？又怎么打仗呢？”

妈妈笑着告诉他：

“只有古时候的战士，才穿盔甲上战场，现代的军人，都穿毛料做的军服了。你将来长大以后当兵，也要穿这种毛料军服的。”

听了妈妈的解释，史怀哲总算放下心里的重担。

史怀哲的家境，比村子里其他人家要好，不过，他不喜欢人家把他当作牧师家的少爷，而希望自己像村子里其他的小孩一样，自由自在的。

那个时候，邻村住着一位犹太人，名叫毛雪，毛雪专门做动物或土地的买卖。由于村子里没有犹太人，所以大家都把他当作怪人一样。

每次只要毛雪驾着车，经过琼斯巴赫，村子里的小孩就会跟在他后面，大声喊叫着：“喂！毛雪，你不是德国人，是犹太人对不对？”

有些比较大胆、比较调皮的孩子，还会把衣服的下摆卷起来，当作猪耳朵，嘴里还发出猪叫声，来嘲弄毛雪。

但不管孩子们怎么样捉弄，怎么样恶作剧，长着满脸雀斑、有长长白胡须的毛雪，总是满脸笑容，慢慢驾着他的骡车，往前驶去。

直到骡车走过桥去，孩子们不再跟了以后，毛雪这才回过头来，对桥这头的孩子微微地笑着说再见。

有一回，史怀哲也和村里的小孩子一起跟在毛雪车子后面，尽情地嘲笑他。当毛雪驾车过桥，回过头，对他们微笑说再见的时候，史怀哲愣住了，他没想到毛雪的心竟是这么宽厚！

史怀哲对毛雪油然产生敬佩之意，他虽然被大家欺侮、羞辱，但他却始终保持沉默，不和这些淘气的小孩子计较，这是多么不容易做到的呀！

从此以后，每当史怀哲遇到不如意的事情，想要大发脾气的时候，他就会想起温和的毛雪，心里的怒气，也因此消失得无影无踪了。

从此不再喝肉汤

为了要和村子里的小孩子打成一片，史怀哲经常和大伙儿一起玩。有一天，他不知道怎么搞的，竟然和盖兴尔格扭打成一团。更意外的是，史怀哲居然把这位身材高大，而且常常夸耀自己是大力士的孩子打败了。但是，被压在地上的盖兴尔格却不服气地说：

“哼！如果我也像你一样，每个星期可以喝两次肉汤的话，我绝对不会输给你！”

盖兴尔格的话，像一根尖锐的针一样，深深地刺痛了史怀哲的心。他像个泄了气的皮球，转身跑回家去。

史怀哲伤心极了！他知道村子里的孩子，根本不想和他交朋友，大家都只把他当成高高在上的牧师少爷罢了。

从此以后，史怀哲再也不肯喝肉汤了。

“究竟是怎么回事？阿尔伯特，你以前不是最喜欢喝肉汤的吗？”

妈妈很奇怪地问他，可是史怀哲始终没有说出不喝肉汤的原因。

除了肉汤以外，衣服的问题，也经常让史怀哲不知道如何是好。

平常，史怀哲尽可能让自己穿得和村子里其他小孩子一样。但是，有一天，爸爸却拿出他的旧披风，告诉史怀哲：

“这件披风改一改，冬天就可以给你穿了。”

几天后，爸爸果然找来一位裁缝师，为史怀哲量身材，改披风。

但是，村子里的小孩，没有一个人有披风呀！史怀哲开始害怕披风改好的时刻，也害怕要穿披风的日子。不管怎么样，他就是不想穿跟其他小孩不一样的衣服。

裁缝改好了，他把披风拿到史怀哲家，小心地为史怀哲穿上，一边穿，一边很得意地说：“嗯！很合身。阿尔伯特少爷穿起这件披风，就是个地地道道的小绅士了！”

但是，史怀哲根本不想做什么小绅士，他宁愿像村子里其他的小孩一样，做一个可以到处撒野的野孩子。

穿披风的日子终于到了。

那是一个寒冷的星期天。妈妈把披风拿出来，告诉史怀哲：

“今天天气很冷，你就穿披风去做礼拜吧！”

史怀哲坚持不穿，不管爸爸、妈妈、姐姐和管家怎么劝，他就是不穿。爸爸生气了，把史怀哲大骂了一顿，史怀哲还是不肯穿。后来，史怀哲回忆说：

“当时，我的心里有一股打赢仗的快乐！”

从此以后，只要家人要史怀哲穿这件披风，就一定会有一番争吵。史怀哲长大以后，还经常告诉朋友：

“为了那件披风，我不知道挨了多少打，挨了多少骂呢！”

那一年的冬天，妈妈带史怀哲去斯特拉斯堡拜访一位亲戚。出门的时候，妈妈告诉史怀哲：

“对了，你没有帽子，我们趁这个机会，到店里去买顶帽子吧！”

史怀哲知道，妈妈一定想为他买一顶像小绅士一样的帽子，他可不愿意顶着一顶别人没有的帽子，让村子里其他的小孩说闲话。所以他一路喊着：

“我不要买帽子！”

可怜的史怀哲，还是被妈妈硬拖进一家豪华的商店里。妈妈把她看中意的帽子，一顶一顶地戴在史怀哲的头上，然后左看看右瞧瞧，最后，选了一顶可爱的水兵帽。

付账的时候，史怀哲固执地大喊：“我不要戴那顶帽子！”

“那你想要哪一顶帽子呢？”妈妈问他。

“我统统不要！”

“如果你不肯自己选一顶，就决定买这一顶！”

女店员赶过来劝史怀哲：

“你真傻，妈妈选的这顶帽子这么漂亮，你怎么不要呢？”

“我根本不要这种流行的帽子，我要村子里小孩戴的那种。”

“你是说这种帽子吗？”

女店员从一堆卖不出去的旧帽子里找出一顶褐色的帽子。

“对！我就是要这种的！”

妈妈的脸色变得很难看，她觉得好尴尬。不过，她终于了解，这孩子的一些奇怪的行为，是什么原因造成的了。她付了钱，一句话也没有说就带着史怀哲走出商店。

史怀哲一心一意想和村子里其他的小孩一样，因此受到家人的许多责罚。但是村子里的孩子，根本不了解他的用心，总是动不动就拿“少爷”两个字来嘲笑他，让他非常伤心。

被朋友出卖了

史怀哲渐渐长大了，到了进小学的时候，爸爸便叫他带着石板，去老师家拜访。一路上史怀哲不断哭闹，说他不想上学，后来还是爸爸连哄带骗地告诉他上学多有趣，他才半信半疑地收起了眼泪。

开学以后，因为老师管得很严，他又开始讨厌上学了。

不过，当督学萧泰尼尔来学校视察的时候，却改变了史怀哲对上学的看法。

萧泰尼尔是一位学者，也是很多书的作者，他的名字在中年级和高年级的课本上都可以找得到。

第一次亲眼看到“写书”的人，史怀哲觉得很兴奋、很特别。虽然萧泰尼尔身材矮小，而且秃头、红鼻子，还挺了个大肚子，穿的也是一件褪了色的灰衣服，看起来一点儿也不特别。但是，这些平凡的外表，一点也掩盖不了他深沉的内涵。他在书中阐述的见解，是多么令人敬佩啊！外表的美丑又有什么相干呢?

不久，史怀哲碰到了一件令他难过的事——他被好朋友出卖了。

那个时候，班上的同学都流行用“烂货”来骂人。史怀哲也很想把这个流行的字眼，用在他讨厌的人身上。

史怀哲很讨厌新老师格桂尔，准备找个机会，骂老师“烂货”。他找到自己的好朋友，很认真地告诉他：

“格桂尔老师是个烂货！”

为了怕好朋友把这句话传给其他的人听，史怀哲特别叮咛他：

“这是一个秘密！你绝对不可以告诉别人哦！”

几天以后，史怀哲和这位朋友吵架了。朋友威胁他：

“哼！我要跟老师说，你骂他是个烂货！”

史怀哲以为朋友只是吓唬他而已，不会真的告诉老师，所以一点儿也不紧张。

没想到，下课休息的时候，朋友竟然走到老师面前，用手指着史怀哲说：

“阿尔伯特说你是个烂货！”

全班同学都呆住了，有些人存着幸灾乐祸的心情，准备看好戏。史怀哲涨红了脸，不知道如何替自己辩解。还好，老师根本不懂这句话的意思，只是笑笑，并没有处罚史怀哲。

可是，史怀哲却觉得，自己好像被人偷偷地从背后猛推一把，心里很不是滋味。从此以后，他不再天真地认为，所有的人都是善良、纯洁的。也就因为这个缘故，从此以后，当他再遇到坏人时，便不再那么伤心、难过了。

没事的时候，史怀哲的爸爸经常在教堂弹奏古老的钢琴，教他唱圣歌。史怀哲每次看到爸爸的双手，轻快地在钢琴琴键上跳跃，教堂里流转着美妙的音乐，心里都非常的陶醉。

他忍不住要求爸爸：

“教我弹琴好不好！”

爸爸点点头。小史怀哲连忙爬上琴椅，听从爸爸的指导，双手按在黑白分明的琴键上，怯生生地按下第一个键。当钢琴发出清脆的音符时，他好兴奋、好高兴！

没想到，这个音符，竟是此后史怀哲跟钢琴结下深厚缘分的序曲。

但是，史怀哲很少按照父亲给他的钢琴谱弹，他喜欢自己随意弹奏，心里想到什么，就弹什么。他觉得随着自己的心意去弹琴，比较可以弹出真正的感情。

有时候，史怀哲也会弹一些熟悉的歌谣，或者教会里的圣歌。音乐渐渐成为他生活里重要的一部分。

史怀哲也是个喜欢幻想的孩子。

小时候，他常常坐在爸爸腿上，听爸爸讲一些有趣的圣经故事。光是一则诺亚方舟的故事，就不知听过多少遍了。

有一段时间，琼斯巴赫地区每天都下雨，史怀哲忍不住跑到

爸爸跟前，满脸疑惑地问他：

“大雨已经下了四十天了，我们家都没有淹水，为什么诺亚要造方舟，躲避洪水呢？”

爸爸告诉他：

“诺亚那个时代，世界才刚刚形成。那个时候下雨不像现在这样，一点一点地下，而是一脸盆一脸盆地下啊！”

“原来如此。”史怀哲认为爸爸的解释非常合理，连连点头，心想：“以后如果有人问我这个问题，我就可以解释给别人听了。”

上学以后，有一次，老师也讲到诺亚方舟的故事，史怀哲以为老师也会告诉他们，诺亚时代下雨和现在不一样。没有想到，老师讲完故事了，却一点儿也没有提到雨水不同的问题。史怀哲忍不住站起来说：

“老师，你忘了告诉我们，诺亚时代的雨，是一脸盆一脸盆地下，而不像现在这样，一点一点地下。”

老师听了，不禁哈哈大笑，说：

“没错，你说得没错。”

自行车的趣事

史怀哲念小学的时候，村里刚刚开始流行自行车，不过，每当自行车经过，拉车的马就会吓得狂奔乱闯，常常搞得人仰马翻，让赶车的人非常生气，因此村子里的人都认为自行车是不好的交通工具。

一天早上，史怀哲正在校园里玩耍，忽然有一群同学，急急忙忙跑出校园，好像发生了什么大事一样。

史怀哲好奇地拉住一位同学问：

“到底发生了什么事？”

那位同学说：

“你不知道哇？学校对面那间酒馆的门口，停着一辆自行车，我们要去看人家骑自行车呀！”

史怀哲一听，立刻丢下手中的皮球，跟着大伙儿跑出校门。

酒馆的门口已经挤满了人，大家的眼光都好奇地盯着停靠在酒馆墙边的自行车。有的人已经不耐烦地问：

“车子的主人怎么还不出来骑自行车呢？”

史怀哲也和大家一样，急着想看看，到底是谁把自行车骑到了酒店？那个人骑在自行车上，又是什么样子呢？

围观的人越来越多，连大人也来凑热闹了。

过了差不多有一杯茶的时间，一个穿着短裤的大男人，从酒馆里走了出来。他走到自行车旁，跨上车的时候，围在酒馆周围的人，忽然爆笑出来。

“堂堂一个大人，怎么穿条短裤，就跑到街上来了呢！也不害臊！”

也有人说：“穿短裤骑自行车，简直不像话！”

在村人的眼中，那个骑自行车的人，真像小丑一样滑稽、可笑！

尽管大家笑成一团，自行车的主人却一点儿也不在意。大方地跨上自行车，缓缓地踩着踏板，慢慢骑出众人的视线……

虽然自行车在村子里不太受欢迎，虽然大家都认为自行车是野孩子骑的，虽然自行车在村子里闹了不少笑话，但史怀哲仍然一心一意地渴望拥有一辆自行车。

这个愿望直到史怀哲读高中的时候才实现。那时，他在课余还兼数学家教的差。他把家教赚的钱，一角一分地存起来，一年以后，终于积了一笔小财，他迫不及待地就去买了辆崭新的自行车。

身为牧师的儿子，居然也追求流行，骑起自行车来，村人看了，

都觉得很不对劲。还有人批评他太浮华、太嚣张，纷纷劝史怀哲的爸爸，不要让史怀哲骑自行车。

幸亏史怀哲的爸爸想法很开通。他认为：

“只要不去害人，不做坏事，骑骑自行车，没什么大不了呀！”

父亲的开明作风，深深影响了史怀哲的一生。

可怕的书房

小时候，史怀哲最怕进爸爸的书房。他觉得爸爸的书房光线昏暗，看起来阴森森，怪可怕的，因此，除非不得已，他绝对不会踏进书房一步。

其实，认真说起来，爸爸的书房令他害怕的原因，是每年圣诞节以后，写“道谢卡”的痛苦造成的。

每一年圣诞节来临时，史怀哲的家人都会收到许多卡片和礼物。这些圣诞礼物，有的是亲戚送的，也有的是爸爸的朋友送的。

在那时候，有教养的家庭，都规定孩子在收到圣诞节礼物后，要写“道谢卡”，向送礼物的人致谢。

史怀哲家当然不例外。爸爸还规定他们，每一封道谢函都要分成三段：

第一段，向送礼物的人道谢，而且要说，这份礼物比其他任何礼物都还要珍贵。

第二段，将他今年收到的圣诞节礼物，一一写上去。

第三段，祝收信的人新年快乐。

虽然，写给每一个人的信，内容都完全一样。但是，由于收信的人并不相同，所以他们还是得一封一封地写。

这实在是一件令人又头痛又厌烦的事。

平常对他们很宽容的爸爸，对写“道谢卡”这件事，却一点儿也不肯通融。只要有人收到圣诞节的礼物，第二天吃过早餐以后，爸爸就会叫他进书房，去写道谢信。

孩子们一听到要写道谢卡，原来满是笑容的脸孔，马上露出难过、委屈的表情。爸爸好像一点儿也不了解他们的心理，总是板起脸孔说：

“不管你高不高兴，今天一定要写信。你们都很喜欢收到礼物对不对？为什么却不愿意写信，向送礼物的人道谢呢？”

接着，爸爸再提高嗓门，命令他们：

“现在统统进书房，去写道谢信。”

然后，接下来一连几个小时，史怀哲和姐姐、弟弟、妹妹们，都得乖乖坐在书桌前，痛苦地做那枯燥乏味的事。他们一面写着“亲爱的……，谢谢你珍贵的礼物……”，一面想着教堂后面那片雪白的积雪，现在不知有多厚了！村子里的孩子，一定正快乐地在雪堆上打雪仗、堆雪人，多令人羡慕啊！

由于害怕写道谢信，所以每次收到圣诞礼物的时候，史怀哲总是又高兴又忧愁，心情复杂极了！

也就是这个原因，史怀哲长大以后，每次送圣诞礼物给亲戚朋友的孩子们，都会特别告诉他们：

“不必写道谢信。”

然而，被史怀哲视如苦刑室的书房，却是爸爸最喜爱的地方。每次爸爸从外面回到家来，就往书房里钻。有的时候看书，有的时候写字，也有的时候什么也不做，只是出神地想着自己的事。

史怀哲每次看到爸爸在书房里，都会很奇怪地想：

“爸爸怎么这么喜欢待在书房里呢？书房里有一股让人窒息的感觉，爸爸难道不知道吗？”

等到史怀哲慢慢长大，认得了一些字以后，经常看到爸爸的作品刊登在《教会新闻》和《年鉴》上面，他才渐渐明白，原来爸爸每天坐在书桌前面，就是在写文章啊！

从此以后，当爸爸坐在书房里的时候，史怀哲不再觉得奇怪，心里反而有一点儿敬佩、一点儿骄傲呢！

放暑假的时候，每隔两三天，爸爸就会带着全家到琼斯巴赫的山上去玩。

爸爸常常说：“平常上课的时候，没有空带你们出来玩，呼吸山里面清新的空气。现在你们放假了，咱们应该多出来走走，看看青翠的树木，锻炼强壮的身体。”

由于经常爬山、散步的关系，史怀哲和他的弟弟妹妹的身体都很健壮，不像其他牧师家的孩子，看起来瘦瘦弱弱的，又容易生病。

上了小学，史怀哲发现自己和村子里其他的孩子一样强壮，高兴得不得了。他也很高兴，他的智力和其他的孩子差不多。

在那个时候，大家都认为，生长在知识分子家庭里的孩子，脑筋一定比其他的孩子好，但是史怀哲却不希望自己的智力比其他的孩子高，他小小的脑袋瓜里，一直不认为穿脏裤子和木头鞋的穷人家孩子，就应该是笨小孩。

中学时代

ZHONGXUE SHIDAI

哈因·沃希正拉开弹弓瞄准树上的小鸟，突然教堂传来一阵钟声，史怀哲趁机大叫吓走小鸟……

搬　家

十岁那一年，史怀哲进入谬斯达塔儿中学就读。那是一所距离史怀哲家三公里远的职业学校。史怀哲每天都走路上学。

从家里到学校，必须穿过一条蜿蜒曲折的山路。史怀哲总是一边走，一边看路旁的花草树木，听周围的虫鸣鸟叫。日子一久，他逐渐发现，田野里四季的景观，真是一幅幅看不完的图画。

春天来的时候，树枝上有许多新冒出来的嫩芽，农夫也开始忙着播种、插秧，田野间到处充满旺盛的生命力。

到了夏天，田里盛开着美丽花朵，蝴蝶和蜜蜂飞来飞去，忙着采花蜜。

秋天时节，树叶慢慢由绿色转变成黄色，原本在草丛间飞舞的蝴蝶，却悄悄地不见身影了。

冬天，枝头上的树叶都掉落了，一场大雨，树枝上立刻挂满了水珠子，晶莹剔透，美极了。

观察着大自然的变化，史怀哲深深地体会到自然的美和伟大！

第二年，史怀哲十一岁，全家搬到阿尔萨斯的皓逊去，史怀哲不得不告别这条山路，转学到基姆纳休姆中学。

为了这件事，史怀哲难过了好几天。他实在舍不得离开琼斯巴赫，更舍不得这条教导他认识大自然的山路，但是有什么办法呢？就让这些景致永远留在记忆中吧！

忽然，史怀哲灵机一动：

“为什么我不写诗呢？为什么我不用笔，把这一片美丽的自然景色，留在纸上呢？”

说写就写，史怀哲匆匆地拿出笔，想把他心中的感动，用简短的诗句写下来。但是，只写了两三行，就写不下去了。他又试了几次，都没能写完一首诗。最后，他叹了一口气，喃喃自语：

“唉！我没有写诗的细胞，算了！算了！”

接着，他又拿起画笔，想借着画笔，把家乡美丽的风光，一一描绘下来，但是，他也不是画画的料，画来画去，总画不出一幅满意的画。最后，史怀哲终于放弃了。

从此，史怀哲再也没有提笔写诗、画画的勇气了。

阿尔伯特舅舅

基姆纳休姆中学有宗教课，由雪佛牧师担任教师。雪佛牧师是很有名的宗教家，也是一位出色的雄辩家，只要他站上讲坛，全班同学一定会被他讲的道所深深感动。

雪佛牧师替史怀哲取了一个教名“伊萨克”，意思是“爱笑的人”。

在学校里，史怀哲显得特别爱笑，同学们知道他有这个毛病，都喜欢逗他笑。有时候，还故意挑上课的时候逗他，让他在课堂上咯咯咯笑起来。因此，老师的上课日志上常常会记载着“史怀哲又在课堂上笑了”几个字。

自从雪佛牧师替史怀哲取了“伊萨克”这个别名以后，学校里同学都不称呼他的本名“阿尔伯特”了，每次见面总是叫他“伊萨克！伊萨克！”

而关于他的本名“阿尔伯特”的由来，一直是史怀哲很好奇的。

他曾经问过妈妈：

“为什么给我取名阿尔伯特，而不是霍米曼、米勒什么的呢？”

“噢！这是为了纪念你舅舅阿尔伯特的缘故，你舅舅虽然已经去世了，但他却是一个值得怀念的好人。”

接着，妈妈开始述说关于阿尔伯特舅舅的故事。

阿尔伯特舅舅年轻的时候，居住的城市斯特拉斯堡，曾经被敌人包围了好一段时间，每个人因此都变得很穷，连每天要喝的牛奶也很缺乏。

但是，舅舅每天早上，都偷偷地把自己分到的那一份牛奶，送给一位贫穷的老妇人喝，而且不要那位老妇人把这件事告诉别人。

一直到舅舅去世后，那位老妇人才把这个秘密说给史怀哲的妈妈听，这时候，大家才知道阿尔伯特是一位伟大、值得敬佩的人。

爱护动物的仁者

从小，史怀哲就是一个善良仁慈的孩子，他这种多愁多虑、时时关怀别人的性格，使童年的他不像其他的孩子一样天真快乐。

尤其是看到受苦的动物，史怀哲心中更感到特别难过。有一次，史怀哲在路上无意中看到一个人用长长的鞭子，狠狠抽打一匹跛脚的老马，要把它赶到屠宰场去。史怀哲赶紧转过头去，不忍心再看，但是这悲惨的一幕，已经在史怀哲的脑海里留下深深的阴影，没有办法拂去。回家后接连几天，他都做着同样的噩梦，耳朵里也仿佛听到老马的哀号……

还有一次，在一个星期天的早上，他的朋友哈因立希拿着一个新做的橡皮弹弓，到他家来邀他一起上山去打鸟。

史怀哲虽然很喜欢玩弹弓，但是他认为打鸟是一种很残忍的行为，怎么能用弹弓去打鸟呢？

可是，他又担心，如果他说不想去打鸟，别人一定会笑他胆小，以后再也不会来找他玩了，所以，最后他还是硬着头皮，和哈因立希一起去了。

两个人来到山上，看到一棵树上，有只小鸟正高兴地唱着歌。嘹亮清脆的鸣叫声，听起来叫人全身舒畅。

“这样可爱的小鸟，怎么忍心打伤它呢？”史怀哲开始担心了。

哈因立希可不管这么多，他一发现小鸟，马上像个小猎人似的，轻轻地蹲下身体，从地上捡起一块小石头，夹在弹弓里，然后，拉开弹弓，瞄准树上的小鸟，准备射击。

史怀哲看到小鸟仍然高兴地唱着歌，一点儿也不知道有一颗可怕的子弹就要射向它。史怀哲心里好难过，他暗暗祷告，希望小鸟赶快飞走，或者哈因立希不要射中小鸟。

就在这个时候，突然传来一阵“当！当！当！”的钟声。史怀哲利用这个机会，丢掉手上的弹弓，大声叫着跑下山去。小鸟受到惊吓，拍拍翅膀，“扑！扑！扑！”地飞走了。

经过这件事以后，史怀哲对自己发誓，再也不为了怕别人讥笑，而去做自己不愿意做的事。

也因为这件事，史怀哲从此对教堂的钟声，产生一股特别的情感。每当教堂的钟声响起，史怀哲的脑海里，就会浮现起他大叫狂奔、吓走小鸟的景象，心里也会浮起一个念头：

“不可杀生！”

还有一个小故事，也可以看出他的善良天性。小时候，他听

到人家的祷告词，不是祈求上帝保佑他们平安，就是保佑亲人健康，很少提到其他有需要代祷的人。他始终觉得这样太自私，也太不公平。

因此，每天晚上，当史怀哲和家人一起晚祷过，妈妈也吻过他，要他上床睡觉以后，他都会又偷偷地溜下床，再祷告一次。他总是双手合掌，虔诚地闭上眼睛，对上帝说：

“主啊，求你保护世界上所有的生命，保护那些弱小的动物，不要受到大动物或是人类的欺侮，让它们和我们一样，也可以过快乐安宁的生活。”

争取看报的权利

史怀哲转学到基姆纳休姆念书后，便搬到叔父的家里去住。这是因为路易叔父的家距离学校比较近，而且，在小学当校长的路易叔父和婶婶苏菲亚一直没有孩子，他们非常疼爱史怀哲，把他当成自己的孩子一样，所以也很希望史怀哲住到他们家来。

除此以外，还有一个很主要的原因：路易叔父知道，史怀哲的爸爸并不很富有，要同时养育五个孩子，又要让史怀哲读中学，实在有点儿困难，所以便主动提出，让史怀哲到他家去住，由他们来照顾史怀哲的生活，学费也由他们负责。

史怀哲住在叔父家里的时候，每天的生活作息都非常的规律。叔父管教史怀哲的态度非常严格，一点儿也不肯放松。他规定史怀哲每天都要练两次琴，一次是在吃过早饭以后到上学以前，一次是晚上做完功课以后。

有时候，史怀哲难免对这种刻板的生活感到厌烦。每一次，当史怀哲不想按照作息表学这个、做那个的时候，婶婶就会耐心地劝他：

“学这些东西，即使将来用不着，但是多学点东西一定错不了的。”

婶婶的话没有错，后来弹琴竟成为他闲暇时最好的消遣，他在非洲森林办医院那段时间，如果没有钢琴和他做伴，伴他度过闲暇的时光，心里一定非常的寂寞。

当然，这都是叔叔、婶婶的功劳。

史怀哲每天的功课，都被排得满满的，只有星期天的下午可以自由地散步、看书，到晚上十点钟就寝。

自由看书的时间，是史怀哲最高兴的时刻。每个星期天的下午，散步回来以后，史怀哲就沉迷在书堆里，看他爱看的书。有时看到兴致来了，他也会牺牲睡眠时间，直到把书看完才就寝。

但是，婶婶却常常提醒史怀哲：

“你看书的速度太快了，简直是囫囵吞枣嘛！书应该要一个字、一个字慢慢地看，把每一个字的意思都弄懂了，了解每个字的妙用以后，才可以往下看。”

婶婶读书的方法和史怀哲不同，她认为读书最重要的，是了解用词遣字的美感，偏重文章的感受。而史怀哲比较偏重书的内容，他喜欢去发觉作者到底想告诉读者什么，从这本书里面，读者可以得到什么观念，或什么知识。

不过，史怀哲不敢把自己的想法告诉婶婶，万一婶婶不高兴了，就会减少他晚上读书的时间，那可就得不偿失了。

史怀哲也很喜欢看报纸。他经常利用晚餐前一刻钟，在餐桌上看报纸。叔父家订阅的两种报纸《谬豪津日报》和《新谬豪津新闻》都是史怀哲认识社会的重要来源。

婶婶却很不喜欢史怀哲看报纸。她认为报纸上那些打打杀杀的社会新闻和既没有营养、内容也不优美的连载小说，只会教坏孩子，一点好处也学不到。

每每婶婶看到史怀哲又在看报纸的时候，就会说："为什么要看报纸呢？那些无聊的连载小说和可怕的凶杀案，对你有什么用处呢？"

史怀哲总是理直气壮地答道：

"我才不是看那些东西呢！我看的是政治新闻哪！"

一次，叔父在一旁听了史怀哲的话有点吃惊，甚至流露出不相信的神情说：

"这样吧！我们来做个测验好了。如果你通过叔父的政治新闻测验，表示你真的是在看政治新闻，以后就可以继续看报纸。否则，你只好乖乖听婶婶的话，不准看报纸喽！"

说着，叔父拿着报纸，问史怀哲：巴尔干半岛上各国的国王是谁？首相叫什么名字？法国内阁的三位大臣分别叫什么名字？最后，他还问到欧伊根、里希特在国会演讲的内容是什么。

史怀哲坐在餐桌旁一面吃着炸马铃薯和沙拉，一面从容地回答叔父的问题。结果，没有一题难得倒他。

“不错，你通过测验了。没想到你小小年纪，却对政治这样关心，很好，以后你可以看报了。”

叔父听完史怀哲的答案，很高兴地做了这样的结论。

从此以后，史怀哲做完功课，就可以自由自在地看报纸了，叔父和婶婶再也不会干涉他了。

后来史怀哲曾很坦白地说：

“虽然我最感兴趣的还是政治新闻，不过，可以自由阅读报纸以后，我也常常偷偷地看连载小说哩！”

经过那次“政治问题测验”以后，叔父和婶婶不再把史怀哲当成什么都不懂的小孩子，叔父甚至把他当大人看待，常常在饭桌上和他讨论国家大事呢！

叔父和婶婶规定，放学以后史怀哲必须马上回家，不准在外逗留。这项规定，让史怀哲感到十分拘束，常常觉得自己就像被关在笼子里的小鸟一样，没有呼吸新鲜空气的机会。

因此，每当他坐在书桌前面看书的时候，眼光常会不自觉地飘到窗户外面，观赏外面的景色。

他想象着左右邻居的孩子在初春残余的雪堆里，快乐地打雪仗；青年男女在白皑皑的雪地上散步，多么开心啊！只有自己成天被关在屋里，真有点透不过气来呢！

在旁边熨衣服的婶婶，注意到史怀哲的神情。她忽然放下熨斗，对史怀哲说：

“既然你那么想出去，我们就出去散散步吧！”

史怀哲还以为自己听错了，他惊讶地看着婶婶，只见婶婶很快收起衣服，拿出外套，就催着他出门。原来这是真的！不是做梦哪！

史怀哲兴奋得在积雪的泥地上跑，在结了冰的运河上小心地踩着，还在桥上停留了一会儿，又爬到山上去看雪后的山景。等他玩够了，天色已经黑了。

在回家的路上，两个人高兴地谈天说地，史怀哲不再觉得婶婶是个严肃而刻板的人了。他知道婶婶非常关心他，只是不说出来罢了。而婶婶管他管得紧，也是为他好呀！

有了这次散步的经验以后，婶婶知道史怀哲非常喜欢大自然，便允许他在星期三和星期六的下午没课的时候，自己出去散步，不再一天到晚把他关在家里了。

史怀哲常常爬到谬豪津南边的山丘上，眺望远处的谬斯达塔儿，因为那儿住着他的家人。看到那个小城，他心中感到无比亲切，就好像看到了家人一样。

俾麦老师和德圭校长

刚到基姆纳休姆读书的时候，史怀哲的功课很差。因为他很喜欢幻想，总是不能集中精神听老师讲课，所以尽管他看了很多课外书，但是学习成绩依然很差。

到底他的功课有多差？从下面这个例子可以看出来：

当时，学校有一种专门为牧师子女设置的奖学金，用以表示对牧师这个职务的尊敬，其他的学生没有机会申请这个奖学金。

虽然史怀哲是牧师的孩子，但他的功课实在太差了，因此学校不愿意把奖学金颁给功课这么糟的学生，便取消了他的奖学金。

不但这样，校长甚至还把史怀哲的爸爸请到学校去，希望他把史怀哲带回家，不必再上学了。在校长和老师的眼里，史怀哲简直是扶不起的“阿斗”。

当然，爸爸并没有让史怀哲休学，他只是劝史怀哲要用功一点。但史怀哲却仍然我行我素，陶醉在自己的幻想世界里，一点儿也不管大人们是如何的头痛。

一直到史怀哲的班上换了一位级任老师，情况才开始改变。新来的导师名叫俾麦，是一位认真、负责的好老师。

俾麦先生上课前，都会对课文内容做一番充分准备。一个小时的课堂里，每一分钟，俾麦先生都控制得非常好，不但内容丰富，而且讲得非常精彩。

同学们交上去的作业，俾麦先生也都仔细地批阅。做错了，他会在发作业时，再详细解说，直到同学们都明白了为止。史怀哲很喜欢俾麦先生上课的方式，他发现上课不再是一件痛苦、无聊的事了。

圣诞节的前夕，成绩单发下来了。史怀哲原本满是红字的成绩单，这回竟全是蓝字。妈妈拿到成绩单，简直不敢相信，她望着那张漂亮的成绩单，高兴地哭了起来。

三个月后，史怀哲升上四年级，成绩也跃升到第三名。

后来，俾麦先生离开基姆纳休姆中学，转到别的学校去教书时，史怀哲还时常去拜访他。这个习惯一直维持到他远赴非洲行医，而且每次他从非洲回国，第一位拜访的人，一定是俾麦先生。俾麦先生严谨、认真的教学态度，带他走出了自以为是的幻想世界，步上踏实、认真的路子。

俾麦先生最让史怀哲佩服的一点，是他重视该做的每一件事情，不管那一件事情是多么微小，他也绝对不会随便应付，总要把它做到最好为止。史怀哲受到俾麦先生的影响，以后做事，不论事情大小，他都不敢马虎。

除了俾麦老师以外，史怀哲在基姆纳休姆求学期间，印象最深刻也最敬佩的人，就是校长威尔赫姆·德圭先生。

德圭校长的外表非常严肃，常常板着一张脸，不说话也不笑，老师和学生都很怕他，但是他却是位内心火热的教育家，也是有名的语言学家。

他认为学校不仅仅是一个传授知识的地方，也应该注重学生的人格发展，让每一位学生，都成为快快乐乐、健健康康的好孩子。

据说，德圭校长本来可以升到更高的职位，却因为说话太直率而得罪了不少人。有一次和市长风·蒙特黄尔将军辩论，市长非常不高兴，把他贬职，调到中学当校长。

不过，德圭校长对这份工作仍然非常热衷，一点也不因为被贬职而流露出不满。即使只是当一名中学校长，德圭校长也仍然认真地教学、认真地办校，而且永远精神抖擞，让全校师生也不敢稍有懈怠。

史怀哲说："校长的行为和修养，让我们每个人都很感动，他的身教直接、间接地影响了我们每一个人。"

出色的演奏家

除了一般功课以外，史怀哲在音乐课的表现更为出色。

前面我们曾说过，史怀哲从小受到牧师父亲的影响，以及叔叔、婶婶的严格督促，使他在钢琴弹奏方面，有了不错的根基。

但是，在基姆纳休姆中学刚开始上音乐课的时候，史怀哲并没有受到老师的喜爱和欣赏。

史怀哲的音乐老师，是柏林音乐学院的毕业生，名字叫作奥根·明希，他同时也是修德夫安教堂的风琴演奏者。他时常向别人诉苦说：

“阿尔伯特·史怀哲是我最头痛的学生。”

因为史怀哲每次练琴的时候，总是一拿到曲谱，就立刻弹起来，从来不事先详细研究乐理，推敲一下比较好的表现方法。有时候，他还会按照自己的兴致，随便演奏。

还有一个原因，就是史怀哲在老师的面前弹奏时，从来不肯把感情弹进曲子里。因为他觉得在老师的面前，表达自己对乐曲的感受，是毫无意义的事。

所以他弹出来的旋律，都只是音符的跳动，听起来既空洞又乏味，老师对他的评语也总是“弹琴的时候，一点儿也没有演奏的感觉”。

有一天，史怀哲和平常一样，没有感情地弹奏莫扎特的奏鸣曲。这时奥根·明希老师皱着眉头走过来，把手上那本门德尔松的《无言之歌E大调》曲谱放在他的面前。

老师用轻蔑的口吻对他说：

“像你这样弹琴的方法，根本不配弹奏优美的曲调。如果拿这本简短的练习曲给你练习，就是在侮辱作曲者。”

史怀哲听到老师的批评，心里很生气，他暗暗地下决心：

“好吧！我一定会让你知道，我是个很会弹琴的人！”

他利用整个星期的时间，重复练习一首他很熟悉的曲子。到了下一节音乐课时，史怀哲集中精神，像在家里弹给自己听一样，认真地弹琴，把感情完全融入琴键里。

弹奏结束了，老师一句话也没有说。他只是赞许地点了点头，而且用手在史怀哲的肩膀上，重重地拍了一下。

几堂课以后，老师开始让史怀哲弹奏巴赫的曲子，史怀哲也都很勤奋地练习。有一天，老师对他说：

“星期天做完礼拜以后，我要用圣史蒂芬教堂那架巨型管风琴教你演奏。”

听到老师的话，史怀哲高兴得几乎要跳起来了。这正是史怀哲梦想了很久的事呢！

这以后，老师就常常用这架史怀哲最心仪的管风琴，教他弹各种曲子。

史怀哲从小就对管风琴有一份特殊的情感，因为他的外祖父西宁格牧师，就是一位管风琴的行家。

外祖父每到一个地方，最先注意的就是管风琴。曾经有一回，外祖父听说中央教堂里有一架很好的管风琴，便千里迢迢地跑去参观，还花了好几个月的时间，研究那架管风琴的构造呢！

除此之外，外祖父也时常到教堂里去弹奏管风琴，他的即兴演奏曲悠扬而轻快，获得大家的一致好评。

史怀哲承袭了外祖父的才华，对管风琴有一份特殊的天赋。

十五岁那一年，史怀哲经过爸爸的同意，正式拜他的音乐老师奥根·明希为师学习演奏。一年后，他已经可以代替老师在教堂里伴奏了。

不久，史怀哲举行了第一次个人演奏会，由奥根·明希老师亲自指挥教堂里的圣乐队，演唱布拉姆斯的《安魂曲》。这一场演奏会非常成功，使史怀哲毕生难忘。

喜欢历史、自然课

在所有的课程里面，史怀哲最喜欢历史课。历史上的年代、人名和事件，对于史怀哲来说，好像都有特殊的意义，他可以轻轻松松地就把课本上的内容熟记在心，考试也很容易拿到高分。

最重要的是，历史老师考夫曼，是一位优秀的历史学者，他讲述历史就像在说一个有趣的故事一样，非常精彩而生动。

升到高级班以后，史怀哲对历史的兴趣越来越浓，经常存钱买历史书籍来看。渐渐地，他的历史知识连考夫曼老师也感到惊讶。史怀哲曾说：

“升到高级班以后，考夫曼老师简直把我当成朋友了。”

这一对对历史有兴趣的师生，经常在一起讨论历史事件，互相交换彼此对某一事件、某一位历史人物的看法。他们的师生情谊，一直持续到考夫曼老师去世为止。

史怀哲对自然科学也很感兴趣。教自然科学的老师，是地质学家费尔斯达博士。他讲课有独到的方法，不但容易理解，而且生动有趣，学生们都不知不觉地沉醉在那些奥妙的自然现象里面。

只可惜，基姆纳休姆中学排的自然科学课程实在太少了，因此史怀哲没有很多的机会，聆听费尔斯达博士讲述他喜欢的自然科学。

至于语文和数学这两科，就不是史怀哲的专长了。而这两科成绩，也最能测验出史怀哲用功的程度。

史怀哲用功的时候，语文科和数学科的成绩会比较高；相反的，如果他稍微松懈下来，语文科和数学科的成绩，马上就下降了。

从上学开始，史怀哲就很讨厌上有“诗”的课，因为老师教他们念诗，或者背诗以后，都喜欢把那首优美的诗，一个字一个字拆开来，告诉他们每个字的意义；为什么这个地方用这个字？为什么不用那个字！

或者，解释一些特别字有什么妙用，每一段话在描述什么意境。

对于老师来说，这样子逐一解剖诗，让学生了解诗的每一个部分和它的意义，是引导学生欣赏诗句的好方法。

但是，史怀哲却不同意老师的教法。他认为刻意地去解释一首诗，让人家了解这首诗的含义，实在是一种无聊的事。他说：

“万一解释得不够透彻，或者不够完备，不是反而破坏了这首诗的意境了吗？”

史怀哲坚持认为，诗不必要说明，只需用自己的心体会，而自己体会出来的意境，才真的会被感动。如果完全都是老师讲述的意境，那就只能停留在了解的地步。

所以每次上语文课，老师解释诗句时，史怀哲都是一副心不在焉的样子。他会关起耳朵，让老师的声音进不来。

然后，他会把目光飘到窗子外面，欣赏窗外的风景，脑筋里开始进行自己的幻想。当他沉醉在自己的幻想世界里的时候，就像一幢关紧了门窗的房子一样，什么东西都跑不进去呢！

予岂好辩哉？

十四岁到十六岁的时候，可以说是史怀哲的一个特别时期。那个时候，他正进入青年期，也就是心理学家所说的人生的风暴期。

在这一段时间，史怀哲看每一个人、每一件事，都觉得很不顺眼。只要是他认为不对的事情，不管是谁，他都要扯开嗓门，和对方辩论老半天。即使是值得尊敬的长者，或是爸爸的牧师朋友，来家里谈事情时，史怀哲也会随时插嘴，把大人的谈话打断，弄得场面非常尴尬，因此周遭的人都很讨厌他，尤其是史怀哲的爸爸，更对儿子的蛮横无理伤透脑筋。

那段时间，婶婶也对史怀哲非常反感。每当她看到史怀哲又把长辈当成同辈一样，目无尊长地辩论起来的时候，就会责骂他：

“史怀哲，你不可以这么没有礼貌！”

虽然大人们都一致讨厌史怀哲，认为他实在是一个最不懂礼貌的年轻人，史怀哲却仍很自命不凡。

他常常从大人们的谈话中，发现一些错误的内容，他认为必须纠正那些错误，才可以为自己，也为别人求得最正确的真理。这些大人不肯探究事情的真理，不肯接纳新的想法，所以才会讨厌他，才不肯跟他辩论。

不过，过了十六岁以后，史怀哲的态度变得比较温和，在人多的场合里，他也不再一直想找人辩论了。因为他慢慢发现，有的时候，大人们的谈话，只是随兴发表一些自己的想法而已。这种聊天不是在认真地做学问，所以不必要在平常的谈话当中，追求最高的真理。

史怀哲虽然不再率性地抓别人的语病，找人辩论。不过，他对于探究真理的热情，却一点儿也没有减弱。他认为如果丧失了这份热情，就等于丧失了自己。

当然，史怀哲有的时候，也会认为自己像戴了面具一样，虚伪地和别人交谈，而没有把自己真正的意见和对方做沟通，实在很不应该。

但是，只要他一放弃和谐的想法，一心一意地和对方讨论问题的时候，他就又会故态复萌，看起来像一只饥饿的野兽，要把别人错误的想法，整个吞进肚子里一样。

穿夏季制服过寒冬

在基姆纳休姆中学的最后一个冬天，可能是史怀哲少年时代最冷的冬天。冬天来临前，史怀哲的妈妈看到他的制服已经小得穿不上了，就告诉史怀哲："明天放假，妈妈带你去定做一件新制服吧！"

"不要了，妈妈，我穿这件就可以了。"史怀哲回答。

但是，那件冬天的制服实在小得穿不上了，史怀哲只好穿夏季制服去上学。

许多同学都暗地里嘲笑他："史怀哲简直分不清冷热。这么冷的天气，还穿夏季制服上学，想逞英雄吗？"

"是啊！哪天感冒了，看他到底是英雄还是狗熊？"

不管同学们怎么讥笑他，史怀哲都不反驳，仍旧穿着那套薄薄的夏季制服到学校去。

他为什么要这样做？是为了充英雄好汉吗？当然不是。原来，

有一天，他听到妈妈在厨房里对爸爸说：

“牛油太贵，我们实在吃不起，还是吃植物油吧！”

“唉！真难为你了！”爸爸轻轻叹口气说。

在那个时代，一般家庭都用牛油做菜。史怀哲家由于人口多，开销太大，所以只能吃价格便宜、品质很差，闻起来有一股怪味的植物油，史怀哲的爸爸还因此吃出胃病了呢！

史怀哲听到爸妈这一段对话，心里明白，爸爸当牧师的收入，要养五个小孩，实在非常吃力，身为长子的他应该尽量替家里节省开支才对。

史怀哲就这样穿着夏季制服，度过寒冷的冬天。忙于家务的妈妈，竟都没有发现儿子的“秘密”。

后来，妈妈的一个远房亲戚法比安夫人生了重病，临去世时，因为没有小孩，便把一部分遗产留给史怀哲的妈妈。有了这笔意外的财产，才使史怀哲的家境有所好转，史怀哲也不必再穿夏季衣服过冬了。

毕业考试的糗事

一八九三年，史怀哲十八岁那一年，他和其他同学一样，都焦头烂额地准备着学校的毕业考试。

基姆纳休姆中学的毕业考试，有一项特殊的传统，就是毕业生必须穿着礼服参加考试。

那个时候，史怀哲还没有属于自己的礼服，他也不想为了一次毕业考，让父母花钱，所以便在毕业考前夕，向一位远房亲戚借来一套半新的礼服。

但是，这套衣服只有上衣，没有长裤。史怀哲决定向他的叔父借一条长裤搭配。他想："反正只穿一天而已，勉强凑合一下，有什么关系呢？"

毕业考的那一天早上，史怀哲从衣柜里拿出借来的礼服和长裤，匆忙穿上，准备去参加考试。

没有想到，史怀哲向叔父借的长裤，竟然比自己想象中短了很多，叔父的身材矮胖，他的长裤穿在身材瘦长的史怀哲身上，就好像吊在半空中一样。即使把所有的留边统统放下来，也还是太短了。怎么办呢？

考试的时间快到了，这是关系着前途的毕业考试，绝对不能迟到，史怀哲只好穿起那套滑稽的礼服，硬着头皮走进考场。

史怀哲一出现在考场门口，眼尖的同学已经忍不住笑了出来，随之大家纷纷围拢过来，参观史怀哲这身奇怪的打扮。连监考老师也觉得他这身打扮很可笑。

史怀哲满脸通红，恨不得有一个地洞可以钻进去。

就在这个时候，斯特拉斯堡的督学阿鲁布雷特先生过来巡视考场，当他看到全班学生笑成一团的时候非常生气。

阿鲁布雷特先生做起事来一向有板有眼的，他认为毕业考试是中学生的重要时刻，大家都应该很认真、很严肃地在考场作答，怎么可以这样胡闹呢？

“你们在笑什么？”阿鲁布雷特先生严厉地问。

笑声突然停止，同学们都被他的威严吓住了，没有人敢搭腔。

阿鲁布雷特用严厉的眼神，向全场一扫，当他看到史怀哲的模样，马上明白大家发笑的原因了。阿鲁布雷特生气地问史怀哲：“你为什么穿这样的衣服来参加毕业考？”

不等史怀哲答辩，阿鲁布雷特又接着说：“你不必和其他的同学一起在试场里考试了。除了数学科以外，其他科目统统由我

另外出题目考你。”

说完，阿鲁布雷特先生便把史怀哲带到校长室去，另外出题考他。他一个问题、一个问题地问，有许多题目，已经超出中学生的学习范围了，所以史怀哲常常被问得目瞪口呆，半天答不出来。

幸好，德圭校长一直在旁边做伴，他不时用鼓励的眼神支持史怀哲，劝他放松心情，好好作答，史怀哲才没有放弃。

阿鲁布雷特先生最擅长的学科是历史，所以他把历史放在最后考。

所幸历史也是史怀哲最有把握、下功夫最深的一门功课，所以大约问了十分钟以后，阿鲁布雷特先生原本紧绷的脸渐渐放松了，他换了一副开心的表情，兴高采烈地和史怀哲讨论一些有趣的历史问题。甚至连希腊人和罗马人在殖民地上的发展计划，也成为他们的话题了。

考试完毕以后，阿鲁布雷特先生向大家发表讲评，他说：“刚才我和阿尔伯特讨论了许多深入的问题，阿尔伯特的见解，令我非常高兴。”

穿着滑稽礼服的史怀哲，以优异的成绩毕业了。而这场督学的考试，也让史怀哲记忆深刻，日后还经常回想起毕业考试的情景！

毕业以后，史怀哲依依不舍地告别叔父、婶婶，回到他自己的家。

斯特拉斯堡大学

SITELASIBAO DAXUE

史怀哲喜欢斯特拉斯堡大学开明的风气，决定在此多吸收一点新的知识……

多彩多姿的大学生活

中学毕业以后，史怀哲进入巴黎的斯特拉斯堡大学就读，并且住进了圣托玛斯堂的学生宿舍。

斯特拉斯堡大学是一所很有朝气的学校。教授们都很年轻，观念很新，不论是在教室里，或是课堂外，都和学生打成一片。而且大家都没有私心，每天心里想的，是如何把学生教好，如何使学校更好。

史怀哲很喜欢斯特拉斯堡大学开明的风气，他决定在这儿多吸收一点知识，便同时选修了神学和哲学这两门学科。

他尤其喜欢温德邦教授的“哲学史”课程。每天上午十一点，他一定准时出现在哲学史的教室里，聆听温德邦教授讲课。

除了神学和哲学以外，对于音乐一直不能忘情的史怀哲，还选了一门音乐理论的课，这门课的教授是布拉罗·雅科普斯特。史怀哲从布拉罗教授那儿学到许多古典音乐艺术。

史怀哲有一位叔叔，在巴黎做生意。他知道史怀哲很喜欢弹琴，琴艺也很不错，便带着史怀哲去拜访巴黎最有名的管风琴家比德尔。

叔叔和比德尔教授本来就是好朋友，他告诉比德尔教授：

“这孩子从小就很爱管风琴，他曾经在谬豪津跟奥根·明希先生学过一段时间的管风琴。现在，他到巴黎来了，我想让他跟着你继续学弹奏管风琴的技巧。”

一八九八年五月，史怀哲通过了神学考试，并且获得圣托玛斯教堂的奖学金，每年可以领到一千二百马克的奖金，连领六年。

紧接着，他必须开始动笔写哲学论文了。有了这笔丰厚的奖学金，史怀哲在经济上没有了后顾之忧，便全心全力地投入在论文写作上。

经过短短的九个月时间，也就是在一八九九年的三月，史怀哲的博士论文脱稿了。指导教授崔克拉先生看了，十分赞赏，对他能在不到一年的时间写出这么好的作品，感到万分惊奇。

这一年的七月，史怀哲拿到神学博士的学位。

崔克拉教授非常欣赏史怀哲，认为他是不可多得的人才，便问他：

“你愿不愿意留在哲学系担任讲师？”

史怀哲摇摇头，说：

“很抱歉，崔克拉教授，我想往神学方面求发展，所以无法接受您的好意。”

事实上，这时的史怀哲，已经确定了他的人生方向——从事神职工作。因此，他在这一年的十二月一日，再度参加神学考试，通过后，便成为助理牧师，开始在圣尼哥拉教堂担任神职工作。

圣尼哥拉教堂原本有两位老牧师，他们的头发已经发白了，但是精神还是很好，态度也非常和蔼可亲。史怀哲的主要工作，就是担任这两位老牧师的助手。

每个礼拜天下午，史怀哲必须主持午后礼拜及儿童礼拜，对教友们讲述圣经故事或宗教问题。他很喜欢这份工作，每次讲道以前，都认真地准备，想想今天要讲的主题是什么，并且把内容大纲一一记在纸片上。

但是，一站上讲坛，他却又往往不按照原先准备的内容讲，而是即兴式地想到什么就说什么，侃侃而谈。不过，他也会不由自主地紧张起来。

重返母校任教

在圣尼哥拉教堂任职两年后，史怀哲应母校斯特拉斯堡大学的聘请，担任神学院的讲师。

神学院的老师，并不十分欢迎史怀哲回校担任讲师，尤其是一些老教授，更是非常反对。他们认为史怀哲的思想太新潮、太特别，如果让他在神学院讲授神学，一定会搅乱学生们的思想。

最后，还是霍兹曼教授一再保证，史怀哲绝对不像他们想的那样，神学院的教授们才终于同意让史怀哲担任讲师。

这一段时间里，史怀哲一面教书，一面着手研究耶稣的生平。

为了使自己的研究扎实深入，史怀哲搜集了许多书，这些参考书塞满了史怀哲的房间，连客人来访的时候，都得侧着身才进得去呢！

在外人看起来，史怀哲房间里的这些书，简直就杂乱无章，可是他却有自己的分类法，知道哪一类书放在什么地方，要用的时候，只要随手一抽就有了。

这一段时间，史怀哲最怕的就是清理房间的女佣了。这名女佣有洁癖，非常看不惯史怀哲房间里那一摞摞紊乱的书堆，一逮着机会，就要翻天覆地地帮他重新整理房间。

史怀哲可一点都不感激女佣的“好意”，反而对她的洁癖非常头痛。每次女佣来整理房间的时候，他一定放下手边的工作，亦步亦趋地跟着女佣，一再要求她不要动他的书。如果不这样，恐怕很多宝贵的资料都要被女佣扔进垃圾桶了。

一九〇六年，史怀哲终于完成了《耶稣生平研究史》。写作这本书时，史怀哲参考了一位学者威康·普烈法的著作。因为这个缘故，史怀哲和普烈法后来竟成为很好的朋友。

不料，第二年，普烈法教授竟因心脏病发作去世了。这件事，让史怀哲十分感慨：

“普烈法教授有满腹学问，却因为身体不好，被病魔夺走了生命，无法完成手边的工作。还好我有一副强健的身体，能够随心所欲地做自己喜欢的事。”

想到这里，史怀哲的心里，总有无限的感伤。

《耶稣生平研究史》这本书，深受英国教授善提的赞赏，他还把它介绍给英国的牛津大学神学院，并邀请史怀哲到英国去。可是这个时候史怀哲正专心研究医学，而且努力地想把音乐家巴赫的法文版著作翻译成德文，实在抽不出时间到英国去，所以就作罢了。

史怀哲翻译音乐家巴赫的书，说来还有一段故事呢。

史怀哲在圣尼哥拉教堂担任助理牧师，每年春天和秋天都有几天的休假。每次一休假，他一定到巴黎去探望他的管风琴老师比德尔。

有一次，比德尔老师叹着气，对史怀哲说：

“巴赫实在是一位伟大的音乐家。只可惜，目前坊间有关巴赫的书籍写的都是他的生平故事，却没有人研究他在音乐上的造诣！”他很希望有人全心研究巴赫的作品，供音乐学校的学生参考。

史怀哲听了老师的话，心中暗暗下了一个决心：

“我要完成老师的这个心愿！”

正好那时，史怀哲在圣威廉教堂担任巴赫管风琴乐曲的演奏，平时就很注意有关巴赫的任何消息。听了比德尔老师的这一番话后，他就更积极搜集巴赫的资料了。

由于巴赫的乐谱非常的昂贵，而且很难买得到，史怀哲只好一有空就跑图书馆，查看巴赫的乐谱。但是，他白天要工作，只能利用晚上的时间到图书馆看书。搜集资料的工作进行得十分缓慢。

正在这个时候，有一位乐谱商人知道史怀哲正在研究巴赫，便告诉他说：

“我听说，巴黎有一位妇女，正打算把她购买的巴赫全集卖掉呢！”

史怀哲听到这个消息，立刻央求乐谱商人去替他打听价格。

他虽然很想得到巴赫全集，可是，也得考虑自己的经济状况啊！

没有想到，那位妇人知道史怀哲想买书的原因以后，竟然很大方地说："如果这套巴赫全集对你的研究工作有帮助，我愿意以两百马克的低价卖给你。"

这个价格虽然已经超出史怀哲一个月的薪水，但是史怀哲却认为"便宜得难以相信"，立刻把它买下了。

有了这套巴赫全集以后，史怀哲可以省下跑图书馆的时间，专心在家读资料。

史怀哲读大学的时候，曾经上过好几堂音乐史和音乐理论的课，但是他并不是音乐学院的学生，也不曾研究音乐。不过，既然已经决定要写巴赫，史怀哲还是很用心地拟订了写作计划。

史怀哲认为，巴赫音乐有优美的本质，这是过去写巴赫的人，都没有注意到的。史怀哲决定在他的书里面，好好阐述巴赫音乐的优美特质，并且探讨巴赫的演奏法。

但是，要用法文来写作，这可是一件令史怀哲头痛的事哩！

史怀哲生长的阿尔萨斯，原来是德国的属地，史怀哲的家人和邻居们，平常也都讲德语。现在要用法文写作，而且是写学术著作，这可不是一件容易的事呢！

史怀哲终究还是克服了种种困难，在一九〇四年完成了巴赫研究初稿。他立刻把这个消息告诉他的老师比德尔，并且请老师为这本书写一篇序文。

比德尔老师一口答应史怀哲的请求，并且告诉史怀哲，他迫切地期待读到《巴赫论》这本书。

《巴赫论》终于在一九〇五年付印了，史怀哲在书的扉页写着："献给马企尔德·史怀哲夫人"。

马企尔德·史怀哲是史怀哲住在巴黎的婶婶。当初就是这位婶婶建议叔叔带史怀哲去见比德尔，请求比德尔收他做学生的。难怪史怀哲说：

"如果没有马企尔德婶婶，也许这本书根本不会诞生。这本书的完成，马企尔德婶母才是最初的功臣呢！"

法文版的《巴赫论》出版后，史怀哲又想把它转译成德文，供德国的音乐学者参考。

史怀哲把法文版《巴赫论》从头到尾又看了一遍，发现书中有一些缺点和不足，他决定在写德文版的时候把它们一一改正。

要改正法文版《巴赫论》的缺点，最好是整本书重写。他重新看资料，重新想内容，反复写了好几遍，却一直不太满意。

有一天，史怀哲到百乐特市的剧场看了一部戏，剧名叫作《托尔斯泰》。当他看完戏走出剧场的时候，心里突然有一股热血在沸腾，他立刻跑回住处，提起笔来就写。

一时之间，史怀哲的灵感竟然像瀑布流泻一样，源源不断地从笔尖流出。稿纸越来越厚，当他把最后一个字写完，画上句点的时候，才发现黑夜已经过去，清晨的阳光已悄悄爬上他的书桌了。

当出版商看到史怀哲的稿件时，眼睛瞪得像铜铃一样大，不相信地问道：

“这叠像山一样高的稿子，真的是你写的吗？这恐怕有法文版的两倍厚吧！”

史怀哲装出一脸无可奈何的表情，说：“是呀！一共有八百四十四页呢！”他心里很得意，因为他终于完成了自己和老师的心愿了。

写完《巴赫论》，史怀哲又开始进行管风琴的研究。

史怀哲从很小的时候开始，就对管风琴产生了浓厚的兴趣，每到一个地方都会先去看看那个地方的学校或教堂里面的管风琴。史怀哲觉得，传统的管风琴不论音质，或者音色，都比后来的管风琴要好。

史怀哲曾经与一位爱好音乐的糖果店老板，说到他的感受。他说：

“最近这几年以来，管风琴的声音已经越来越差了。我实在很怀念以前的管风琴，能够弹奏出优美的声音。”

糖果店的老板点点头回答：

“不只是管风琴的品质比以前差了，糖果也是这样呢！以前的人制造糖果，一定要用新鲜的牛奶、牛油、乳酪和上等油脂、砂糖来做材料，现代人做糖果已经没有这么讲究了，他们好像都不太在意味道够不够好，只考虑外观是不是漂亮。这样做起来的糖果，成本虽然比以前低，但是，却再也不能算是真正的糖果了！”

史怀哲将他研究的结果，写成《德国与法国管风琴的制作与演奏风琴的技巧》。他在书里面写到，法国的管风琴品质比德国的优良，因为法国人制造管风琴的时候，比较遵照传统的方式。

除了写书外，史怀哲也经常写信去“救”传统管风琴！

每当他听到有哪一个地方，因为原来的管风琴老旧了，而打算把它淘汰，另外买一架新琴的时候，史怀哲便会立刻写信去告诉他们，旧琴和新琴的差别，以及旧琴的优点。他还会告诉那些人怎么样修理，就可以继续使用那一架老琴了。

这一类的信，史怀哲写了好几百封，但是他一点儿也不会感到厌倦。后来，他到非洲行医以后，还常常有朋友对他提到这件事。朋友们总是说：

“你在非洲拯救老黑人，在欧洲也拯救了不少老管风琴呢！”

史怀哲研究管风琴的时间很长，几乎有三十年之久。过程虽然辛苦，也常常有人反对他的看法，但是，每当星期天的早上，他走进教堂做礼拜的时候，听到管风琴传来的优美琴声，他就觉得所有的努力，都没有白费。

史怀哲二十一岁那一年的夏天，是他这一生中重要的转折点。

那一年的夏天，史怀哲趁着学校放暑假的时候，回到琼斯巴赫的家里去度假。一个清朗的早晨，史怀哲被窗外的鸟鸣和温煦的阳光轻轻唤醒了。

史怀哲静静地躺在床上，觉得自己真是一个幸福的人，有慈祥的双亲和快乐的兄弟姐妹，又可以读自己喜欢的书，做自己喜欢的事。

忽然间，他感觉到："我不可以把这些幸福，当成本来就应该属于我的。我应该努力地使别人也能幸福，好回报快乐的生活。"

史怀哲静静地思考着，他决定在三十岁以前，好好做学问，好好学习艺术；三十岁以后，便把自己奉献给需要的人。

史怀哲在学校的时候，曾经参加过一个救济活动的团体，这个团体是由宿舍里的学生共同组成的。

团体里的成员每个星期都要去访问居住在附近的贫苦居民，并且送给他们一点儿慰问金，补贴他们的生活。

他们送给这些穷人的慰问金，都是向斯特拉斯堡的市民募捐来的。

史怀哲的个性比较内向，一向不太会和陌生人打交道，所以，刚开始做募款工作时，他都认为那是件苦差事。但是，为了要达成任务，史怀哲每一次都硬起头皮，去向市民募款。

做久了以后，史怀哲不但不再害羞，还发现了募款的诀窍呢！

他认为，募款的时候，千万不要用"强迫推销"的方式，勉强别人捐钱。最好是用很客气的态度，委婉地说明工作的性质，让对方了解他所捐出来的钱，做了什么用途，作用有多么大。对方听了以后，如果觉得这件工作很有意义，就会慷慨地捐出钱来。不过，如果对方还是不肯捐钱，也不可以生气，或骂别人小气，反而要笑着谢谢他接受打扰。

决定未来的目标

史怀哲过三十岁生日的前几个月，也就是他担任圣托玛斯神学院舍监的第二年，有一天，他在圣托玛斯教堂宿舍的桌子上面，看到一本新出版的《巴黎传教协会月刊》。

平常，史怀哲总是把这种小册子，顺手往旁边一摆，连看都懒得去看一眼。这一次，他却心血来潮，不由自主地拿起来翻阅。

突然，有一篇文章深深地吸引了史怀哲。那篇文章的内容是报道非洲的加彭地区，非常缺乏医护人员。由于非洲人的健康情形很坏，所以传教工作很难推行。

文章的最后一段写着："传教协会为了响应主的感召，征求'主啊！我愿意去'的志愿人员。"

读完这篇文章，史怀哲心里已经清清楚楚地知道自己未来的方向了。

这以后的日子，史怀哲仍然像平常一样，努力地做着自己的工作。不过，一有空，他的脑袋里都在计划着以后的事情——他已经坚定地决定，要到热带非洲去服务。

当朋友们知道他的决定以后，竟然没有一个人表示赞成，大家都劝他多考虑。

有一位朋友说：“你去热带非洲服务，等于是埋没了自己的天分。那种蛮荒、未开发的地方，应该留给那些没有学问、没有艺术才华，甚至是没有知识的人才对啊！”

他的管风琴老师比德尔，听到史怀哲的计划以后，也气得骂他：“你这样做，就好像一位英勇的将军，不在后方坐镇指挥，却带着猎枪上战场一样的愚笨。”

还有一位贵妇告诉他：“其实，你大可不必直接到非洲，去替那些可怜的非洲人看病。凭你的能力和才华，实在可以用旅行演讲的方式，去筹募经费，再找人到非洲去帮助非洲人啊！”

为了这个问题，史怀哲经常和他的亲朋好友们辩论，其中有一大部分，还是虔诚信仰上帝的基督徒呢！

史怀哲发现，虽然每个人都认为，《圣经》上所写的耶稣基督说过的话“想要往爱的路上走去的人，必须要抛弃以前所走过的路”很有道理。但是，到了真正需要他们去选择，为爱而舍弃过去的一切的时候，却很少有人能够遵照基督的话去做。

他想到，《巴黎传教协会月刊》上那篇文章，曾提到非洲地区目前最缺乏的就是医护人员。那么，他如果要到非洲去服务，当

然是当医生最适合。

因此，史怀哲决定开始学医。

这也是令史怀哲的朋友们难以理解的事。有一位好朋友忍不住问他：

“你知不知道，你到底在做什么？”

他们提醒史怀哲，如果他要到非洲去当医生，必须要去学医。医学本身是一门很艰深的学问，史怀哲那个时候已经三十岁了，这样的年纪，才开始学医，简直就是自找麻烦嘛！

史怀哲不管朋友们的看法，无论如何困难他都要克服。他的心意已经很坚定了，不会因为舍不得现在的成就，而放弃服务的机会。

一天，他去拜访医学院的院长，告诉他：

“我想从现在开始，到医学院来学医。”

医学院院长黄琳教授听了史怀哲的话以后，告诉他：

“你现在已经是神学院的教授，也是一位牧师了，怎么还想来医学院当学生呢？我看你一定是脑筋有问题了，应该去看精神科医生。”

学校的其他人也都认为，史怀哲既然是大学教授，就不能也当学生，除非他愿意当一位旁听生。

但是，旁听生却不能参加医生的资格鉴定考试。

虽然，要当医学院的学生，似乎是困难重重，可是史怀哲一点儿也不气馁。他到每一位负责人的办公室，去告诉他们为什么他一定要学医，为什么他必须成为医生。

最后，学校方面终于不再坚持了，他们为史怀哲的苦心想出了一个通融的办法：如果医学院的教授们肯发旁听证给史怀哲的话，他就可以在毕业后，跟其他的学生一起参加医师资格鉴定考试。

还好，医学院里的教授都是史怀哲的同事，他们终于同意发给他旁听证了。

一九〇五年的十月底，史怀哲终于走进医学院的教室，开始艰苦的学医生活。

这一天，学校里起了一阵雾，雾很浓，走在校园里面，几乎是伸手不见五指。史怀哲独自走在大雾里，觉得自己的未来，就像这一阵大雾一样的迷蒙。

当了医学院的学生以后，史怀哲一面辛勤地读书，一面继续着神学院教授和牧师的工作。每个星期天，是他为教友讲道和在讲台上为神学院学生上课的日子。

此外，他仍然努力地练习管风琴。

开始当学生的那一年，史怀哲和一些爱好管风琴的同学们共同创立了“巴黎·巴赫”学会，会长还特别指定，史怀哲担任管风琴的演奏，让史怀哲能够有更多演奏的机会。而且，每年冬天，史怀哲都要代表学会，到巴黎公开演奏呢！

史怀哲的生活，从此被上课、讲课、传道和管风琴填得满满的，几乎找不出一丝丝的空隙了。

为了要把每一件事做好，史怀哲平时上课学习全神贯注，认真地研习医学；当他要到巴黎去参加“巴黎·巴赫”学会的演奏时，就在车子上拟订下一次传道的内容。此外，他还抽空写如何制作管风琴的论文和《耶稣生平研究史》这本书。

许多人都很佩服史怀哲能够同时做那么多事，而且每一件事都做得那么好。史怀哲却认为，只要想做，而且肯用心去做，每个人都可以像他一样，做出自己满意的成绩。

辛苦的医学课程

四年的学生生活过得很快，眼看医师预备考试就要到了，史怀哲心里觉得很痛苦。

因为，学医学和学哲学、神学等人文科学不太一样。不论是身体的结构、解剖上的名词，或是医学上的术语和理论，每一项都要花许多工夫死背。

史怀哲已经三十岁了，记忆力不能和同班那些二十出头的年轻小伙子们比，所以学起来就会感觉特别辛苦，特别吃力。

幸亏史怀哲的同学们都对他很好，了解他的困难以后，就劝他参加学校的“应考协会”。这个协会最大的作用，就是教学生如何抓到考试的诀窍，以及如何作答。

史怀哲在“应考协会”的指导之下，终于顺利地通过了考试。

通过医师预备考试以后，接下来的课程，便以临床实验为主，也就是让学生们到病房去，看看医生们如何医治病人，把自己过去学到的知识应用到实际的病人身上。

这种实际操作的课，史怀哲兴趣很大，所以学起来也觉得比较轻松愉快。

所有的课程里面，史怀哲兴趣最浓的就是药物学。教药物学的康教授，本身研究的主题是毛地黄，毛地黄是一种治疗心脏病的药物。和他一起研究毛地黄的，还有一位教授提修米德·培克。

德法战争期间，史怀哲曾经为培克教授抢救了一批珍贵的毛地黄研究论文呢！

那是一九一九年的春天，史怀哲有事坐火车经过斯特拉斯堡的诺得福车站。当火车停下来的时候，他看见有一个被法国驱逐出境的德国人，在月台上准备搭车。

史怀哲发现那位德国老人就是他平日敬爱的培克教授，便忍不住朝月台上的老人大喊："培克教授！"

当培克教授走近时，他关心地问培克教授：

"老师，如果有我可以效劳的地方，请您尽管提出来，不要客气，我一定会尽力照您的吩咐去做的。"

培克教授听完史怀哲的话以后，郑重地指着一个纸包，担心地告诉他：

"我自己没有什么问题，只是这一包东西，是研究毛地黄的重要论文。我担心万一被法国人没收，就太可惜了。"

史怀哲知道老师的问题以后，便答应替他保管这包重要的论

601

文，等培克教授抵达巴顿以后，再将论文寄给他。

就这样，毛地黄的论文终于保存了下来。培克教授接到史怀哲寄去的论文，便将它公开发表出来。论文发表以后不久，培克教授便与世长辞了。

两年以后，史怀哲已经上完所有的临床实验课，一九一一年十月，参加了国家医师考试。

史怀哲考过最后一门外科考试以后，总算松了一口气。他离开考场，漫无目的地在校园里转悠，好几次忍不住告诉自己："这是真的，我真的完成了医学院的学业了！"

虽然，经过他身旁的人，偶尔会因为他不断地喃喃自语而投来异样的眼光，但史怀哲毫不在意。

考完试以后，史怀哲只剩下医院实习和写博士论文了。

写博士论文时，史怀哲已经开始为前往非洲做准备了。

在远行以前，史怀哲必须把所有的著作整理出来。而史怀哲的时间非常有限，草稿写完、修改以后，几乎没有时间再重新誊写一遍了。

还好，斯特拉斯堡有一位叫作海伦·布列斯劳的姑娘，是一位历史学家的女儿，愿意帮他做这些烦琐的誊写工作，史怀哲才能够放心地前往非洲。

海伦·布列斯劳后来成为史怀哲的太太，陪他到蛮荒的非洲出生入死，和史怀哲一同完成他的心愿。

考完国家医师考试的第二年，史怀哲到巴黎去研究热带医学，希望借着这段时间的研究，确实了解非洲的疾病状况，以及医疗上要注意的事项。

他一面从事研究，一面开始采购要运往非洲的医疗用品。

采购工作一向不是史怀哲的专长。过去，他以研究神学和哲学为主，这两门学科都是着重精神上的讲授和个人的感受，根本就和做医疗服务不一样。

史怀哲在采购以前，要先想好在非洲设置医院需要的用品。他把需要的用品，一一写在单子上面。然后，拿着单子到街上去逛，看到适合的东西就买下来。东西买完以后，史怀哲不仅要监督打包，还要记账，琐琐碎碎的事情一大堆，而且统统都要亲自去做，以免出了差错，到时候难以补救。

史怀哲把所有要买的东西，分成两大部分，凡是医院所需要的器具、药品、纱布等医疗用品，全由他自己负责；日常生活用品则交给太太帮忙选购。

而不论采买日常用品，还是医疗用品，都需要花钱。这么庞大的支出，实在不是史怀哲负担得了的。

募　款

史怀哲想到他在读大学的时候参加过的义务工作，于是打算向好朋友和教会募捐在非洲设立医院所需的款项。

募款工作开始的时候，史怀哲的非洲之行还没有什么头绪。有些人不太信他真的会去非洲，做没有人愿意做的工作；也有的人对这种捐款没有兴趣。所以听完史怀哲的说明以后，就以一副冷漠、不礼貌的态度，拒绝了史怀哲。

不过，有更多的朋友听了史怀哲的计划以后，用很敬佩的口气告诉他：

“我相信这件事，是你经过深思熟虑以后所做的决定。我也知道，你一定对前往非洲行医，有一套周全的计划，所以我很愿意帮你的忙。如果换了别人，我可不愿冒险捐钱呢！”

最令人感到兴奋的，是斯特拉斯堡大学里的德国籍的教授，在知道史怀哲的计划以后，每个人都捐出许多钱，帮助史怀哲成行。

对别人来说，这也许不是一件多么了不起的事。可是，那个时候德国和法国处在敌对的状态中。而史怀哲要去的地方，正好是法国的属地；也就是说，德国教授们捐的钱，等于是去帮助敌人的殖民地呢！

不过，这些教授们都有崇高的理想和伟大的人道精神。他们不在乎帮助的是法国的殖民地，而只是觉得能够出点钱，为可怜的非洲人尽一点心力，就很满足了。

整个说来，史怀哲到非洲去的资金，主要是白圣米克莱教区捐赠的，另外，他的出生地阿尔萨斯的教区里有许多牧师是史怀哲在神学院时的同学或学生，他们也都慷慨地捐款给史怀哲；巴黎·巴赫协会也汇了一些钱给史怀哲。

各地踊跃的捐款，加上史怀哲到处演讲、演奏，也为他筹到了一些经费。前往非洲的经费，总算不成问题了。

资金有了着落以后，史怀哲立刻和巴黎的传教士协会联络。他告诉传教士协会，他打算申请到非洲当医生，史怀哲选定的地区是兰恩巴涅。在那个时候，兰恩巴涅是奥果维河沿岸的传教中心。

一九一三年的二月，史怀哲把所有的行李，包括他们的换洗衣物、书籍、日常用品和各种医疗用品，打包成七十个坚固的行李箱，送到波特港。

然后，他们再回到家里，整理旅途中随时要用的物品。史怀哲打算把他们旅途中需要花费的两千马克纸币换成金币。

起初，史怀哲的太太不同意他的做法。史怀哲向她解释：“我们要考虑到，我们随时会碰到战争。战争发生的时候，纸币都会贬值，如果存在银行里面，也有可能会提不出来。但是，如果换成金币，就没有这些危险了，因为金币是全世界通行的货币啊！”

史怀哲会这么说是有原因的。他发现目前两国虽然保持着和平的关系，但是最近一段时间，德国和法国政府，却不断收回金币，改发行纸币，连政府官员领的也都是纸币，看不到金币了。

史怀哲敏感地想到，会有这种状况的发生，表示两国已经开始为打仗而做准备了。既然两国已经有打仗的准备，那么战事便随时可能会爆发。

为了避免到时候陷入困境，史怀哲还是做了万全的准备。

非洲行医甘苦备尝

FEIZHOU XINGYI
GANKU BEICHANG

由于鸡舍的环境太脏，实在不适合动手术，但病人情况危急，史怀哲只好立刻准备开刀……

前往非洲

告别的时刻终于来临了。

史怀哲和他的太太，带着他们随身的行李，站在琼斯巴赫的火车站上。

月台上站满了前来送行的亲戚朋友。史怀哲越过车站的建筑物，望向琼斯巴赫边缘的保裘山麓，那儿有许多他童年的回忆。

还有耸立在树丛边的教堂，是开启他的信仰心灵，引导他走向终生服务神的地方，以及镇上的同学、学校、大街、小巷，所有那些遥远的记忆，都在这个时候涌上了心头。

史怀哲怀着复杂的心情，站立在月台上。将要远行非洲了，没有人可以预先知道，他这一趟去，是否能够平安。而什么时候可以回来，也是个未知数。

月台上的人，心里都充满着不忍分离和难以放心的复杂心情。月台上的气氛好低、好低，离愁好浓、好浓。

礼拜五的钟声刚刚响过，火车的呜呜声已经远远地传来。当火车灰黑的车影，出现在森林的转角处时，史怀哲已经忍不住热泪盈眶了。

他和妻子在家人的护送之下，登上最后一节车厢。等月台上的来客统统搭上火车以后，火车又“呜——”地开走了。

史怀哲坐在火车上，留恋地望着琼斯巴赫，教堂高耸的尖塔渐去渐远，最后终于消失在视线之外了。史怀哲心里暗暗地想：

“令我怀念的教堂啊，我什么时候才能够再回来呢？”

到了巴黎以后，比德尔教授还特别邀请史怀哲，到圣修庇斯教堂为他饯行。比德尔教授亲自弹奏教堂里的管风琴，他要让史怀哲在远行以前，再好好享受一下他那优美精湛的管风琴旋律之美。

开往波特港的火车，在当天下午的两点钟，离开了巴黎。史怀哲带着众人的祝福踏上了旅途。

那一天正好是复活节，街上的男男女女，都穿上漂亮的衣服，神情愉快地漫步街头。

四周不时地传来教堂的钟声，柔和轻巧地温暖着史怀哲的心，他暂时忘却了遥远的非洲，完全沉浸在这一片美丽的快乐景象里。

抵达波特港以后，史怀哲才知道，开往刚果的船，应该在波伊亚克港搭乘。他和太太赶紧再换乘火车。一个多小时以后，终于到了波伊亚克港。

这个时候，忽然传来一阵响亮的喇叭声。史怀哲朝着声音的来源望过去，发现那是一队要开往非洲殖民地的法国军队。兵士们正热热闹闹地从火车上下来，月台上马上一阵人声沸腾。

史怀哲和太太走出车站，来到波伊亚克的港口，他看着蔚蓝的天空和眼前的波光粼粼，心里明白，码头上那艘“欧罗巴”号就是要载送他们到刚果的船了。

“欧罗巴”号停泊在吉伦德河的河面上，船身随着水波的晃动，摇荡个不停。

史怀哲跟着人潮，攀上小扶梯，走上甲板。甲板上站着一名船员，手里拿着乘客的名册，一一点名。史怀哲向船员报了自己的姓名，船员看了名册上的记载以后，告诉他住宿的船舱号码。

他们夫妻俩被分配到的船舱很宽敞，而且因为靠近船头，离机房很远，所以不会被机器隆隆的运作声吵到。

史怀哲和妻子刚刚放下行李，午餐的锣声便响起来了。他们赶紧走到餐厅，和大家共进午餐。

和他们同桌的，有几位军官、一位船上的医生、一名军医和两位夫人。这两位夫人的丈夫，都是非洲殖民地的官员，她们刚刚回欧洲度完假，搭乘这艘船，要回到丈夫的身边去。

同桌的人里面，只有史怀哲夫妇俩，是第一次到非洲去，也只有他们两个对遥远的非洲感到陌生，心中怀着一股难以排遣的不安和忧虑。

由于“欧罗巴”号要载运的行李太多，所以耽搁了一天的时间，直到第二天下午，起航的汽笛才终于鸣响了。

随着起航的汽笛声，船身缓缓驶向了吉伦德河下游。船行的速度虽然不快，波伊亚克港的影像却已逐渐远去。最后，终于消失在雾色苍茫中了。

黄昏的时候，船身周围的海浪声更响了，澎湃的海浪，推动着“欧罗巴”号船身，摇晃得更激烈了。

史怀哲知道，他们已经驶出吉伦德河，进入茫茫的大海中了。他遥望来时路，竟然发现灯塔的领航灯，已经不见踪影了。

“终于走了！”史怀哲告诉自己，心里涌起一股无以名状的兴奋。

“欧罗巴”号抵达非洲的第一站是达卡。当史怀哲的双脚踏上非洲大陆的时候，心里非常的激动。

多年来梦想的事就快要实现了，史怀哲心情逐渐紧张起来。

不过，史怀哲对达卡的印象却很恶劣。他认为那个地方的人虐待动物的方法，比其他的地方都要厉害。

他看到一辆满载木柴的马车，不小心陷进一摊烂泥里，车轮在泥沼里动弹不得。车上坐着两名非洲人，不断挥舞着手上的鞭子，鞭打着拉车的马，马儿喘息着、挣扎着。

看到这幕情景，史怀哲非常的生气，他立刻走上前去，把两名非洲人叫下车，三个人一起把马车推出泥沼地。

虽然非洲人对于史怀哲的指挥，表现出非常惊讶的神色，不过，

一向畏惧白种人的他们，仍然顺从地听命于史怀哲。

倒是同船的一位中尉军官，在回船的途中劝告史怀哲：

“你如果看不惯非洲人虐待动物的话，我劝你最好远离非洲，不要再继续往前走了。”

因为，在非洲人的眼中，指挥动物做事情本来就是天经地义的事，就像吃饭穿衣一样的自然。

“欧罗巴”号停靠达卡的时候，下去了一些乘客，又上来了许多非洲劳工，这些劳工都带着自己的妻子和孩子。

白天，他们随意躺在甲板上，等到夜晚来临的时候分别钻进自己的大袋子里睡觉。

史怀哲看到那些非洲女人和小孩的胸前，都挂着用皮带穿成的神符，看起来相当的可爱，心情也随之放松了许多。

深入非洲森林

“欧罗巴”号继续往内陆开去，河道的两岸，已经是一片葱郁的森林了，河水拍打着森林的边缘，景象非常的壮阔。

史怀哲拿起望远镜向两岸眺望，欣赏这一片非洲大陆的美景。

忽然，传来一阵仓皇的喊叫声，有人对着船尾大喊“鲨鱼！鲨鱼”，许多乘客都跑过去，史怀哲也跟着过去看个究竟。

他看到海面上浮出一个像三角形一样的黑色东西，与“欧罗巴”号平行地前进。史怀哲知道，那就是可怕的鲨鱼背鳍。他回忆着说：

“只要看一次就够了，看过一次以后，没有人会忘得了那个可怕的三角形。”

在非洲西部的海岸，到处都看得到鲨鱼，有的鲨鱼甚至会追逐着船上抛下海去的垃圾，紧挨着船走，让人感到害怕。

船身靠近科拉库里港的时候，史怀哲听到港口传来一阵热闹的哄笑声。他跟着大伙儿挨近甲板上的栏杆，看到岸边围拢着许多非洲人，每个人都张着嘴大喊：“再多丢一些钱，再多丢一些吧！”

旅客纷纷把钱投入水里，站在岸边的非洲人，一看到旅客投钱，马上跳进水中去捞取钱币。

这其实是非常危险的举动，因为港口的四周，到处都是鲨鱼，任何人只要被鲨鱼咬上一口，一定没有办法保住性命。

可是说也奇怪，非洲人上上下下，潜水捞取钱币的时候，却从未发生被鲨鱼咬伤的悲惨事情。可能是因为，只要有人潜到水里，一定会引起大家一阵喧闹，也许鲨鱼就是被这一阵又一阵的喧哗吓走的吧！

当每一位黑人都兴奋地朝着船上的乘客大喊“多抛一些金钱吧！”的时候，史怀哲看到岸上有一位非洲人一直紧闭着嘴巴，没有和大伙儿一块儿喊，他觉得很奇怪，悄悄地问旁边的船客：

“为什么那个非洲人，没有像大家一样的喊叫呢？”

船客告诉他：“那位非洲人把自己的嘴巴当作钱袋。现在，他的嘴巴里面，已经装满钱了，所以没办法张口喊叫啊！”

当“欧罗巴”号从科拉库里港再度起航以后，沿途经过胡椒海岸、象牙海岸、黄金海岸和奴隶海岸。

史怀哲经过一个又一个海岸，看过一片又一片的森林，心里忍不住想着：

“如果那些沿岸的森林会说话，它们一定会告诉我，那里曾经发生过许多悲惨的事情吧！”

因为买卖奴隶的商船，都在这些地方停泊，将非洲居民当成奴隶一样地运往美国。

有一位才到刚果的职员告诉史怀哲：

“虽然欧洲和美洲大陆带来一些文明和一些便利的生活，不过，他们引进的烈酒和一些可怕的疾病，却严重地摧残着这块纯朴的大陆！”

史怀哲听了那位职员的话，目光忍不住投向餐厅里正在用餐的人。这一桌的人，都是曾经在非洲工作过的人。现在他们每一个人都穿着上好的衣料，个个像绅士一样彬彬有礼。

只是，当他们面对非洲人的时候，是不是仍然会用这一套绅士般的态度，去管理非洲人呢？不知道他们在管理非洲人的时候，脑子里是不是清楚地想到，我现在管的，是和我一样的人类啊！

史怀哲看着眼前的这些同伴，想到再过几天，这些和他一起从波伊亚克港口乘船来到非洲的旅伴，就要分手各奔前程了。

“如果将每一个人在非洲的言行统统记录下来的话，恐怕可以写成一本厚厚的书吧！只是，这会是一本什么样的书呢？”史怀哲忍不住这样想。

船继续向前走着，每当“欧罗巴”号停靠一个港口，每当船上的乘客下船的时候，连那些一向很拘谨，不太和别人交谈的乘客，也都会向下船的乘客道别，并且由衷地祝福他们一路顺风。

虽然这些话平时经常听到，但是，在这个地方、这个时候听起来，却觉得特别亲切、感人。

获赠鲜花和水果

一九一三年的四月十三日，史怀哲终于抵达了利布鲁·比奴。美国籍的传教士福特先生亲自来迎接史怀哲。

福特先生送给史怀哲很多花和水果，他告诉史怀哲："这些花果都是我们的传教士自己在庭院中栽植的。"这些也是史怀哲在非洲大陆第一次获赠的礼物。

除了诚恳地送礼物之外，福特先生还邀请史怀哲到他的传教所去。传教所距离利布鲁·比奴有三公里远，是一处名叫巴拉卡的丘陵地。

史怀哲牵着太太的手，跟着福特先生，穿过许多可爱的竹屋，当他们爬上丘陵地的时候，教徒们正好在合唱圣歌。

福特先生将史怀哲夫妇介绍给在场的二三十位非洲人，史怀哲诚恳地和这些非洲人一一握手。

史怀哲很喜欢这些非洲人，他说："他们穿着简朴的衣服，神情非常的开朗，不像一路上看到的黑人，不是厚着脸皮、不知廉耻，就是对白人卑躬屈膝。”

第二天，史怀哲在船上度过了最后一个夜晚，然后在卡普·罗贝斯港改搭河轮“亚伦贝”号。

“亚伦贝”号的船身比较浅，正好可以在浅浅的河道上航行。由于船上已经载满了货物，实在没有办法再容纳史怀哲携带的七十箱行李，史怀哲只好把他的大批行李，暂时寄放在卡普·罗贝斯港，等两个星期以后，再由另一艘船运过去。

他们在早上九点，趁河水涨潮的时候出发。有一些乘客没赶得及上船，只好另外雇汽艇追赶过来。

搭着“亚伦贝”号，走在非洲内陆的河川上，和在“欧罗巴”号看着遥远的非洲森林的感觉很不一样。

呈现在史怀哲眼前的，是河水与陆地交错的复杂地带，几乎让人分不清哪儿是水，哪儿是陆地了。

一棵棵擎天的巨树，高高耸立着，几乎遮住了上面的一片天，粗大的树干上缠绕着许多蔓藤植物。

阳光透过叶缝儿，投射在水面上，形成闪烁不断的波光，让人目不暇接。

每当行到河川的尽头，眼看就是一片河岸了，突然一个转弯，又是一条新的路呈现在眼前。这样蜿蜒曲折地走着，史怀哲总是沉浸在不断的、新鲜的喜悦里头。

“啊！这就是非洲！”史怀哲忍不住在心里低低地赞叹。

越往上游，河水越急，舵手小心谨慎地驾着船。因为水面下有许多浅浅的沙洲，水面上又有许多漂流的浮木，只要稍稍不注意，便有可能搁浅沙洲，或者被漂流的浮木撞上。

船航行了一段时间以后，停在一处河岸边，等着补充燃料。

岸上有少许的黑人部落，岸边堆放着好几百捆柴薪。

船一靠岸，便有人从岸上搭了一块木板到船上，黑人们排成一列，将岸上的柴薪一捆一捆地搬上“亚伦贝”号。黑人每搬运一百捆柴薪，可以得到四或五法郎的报酬。

等岸上的柴薪都搬上“亚伦贝”号以后，船长发现和他希望的数量还有一段差距，便很严厉地责骂那个部落的酋长。

酋长以很谦卑的态度，夸张地不断赔不是。不过，当他一收到报酬以后，便立刻低声抱怨：

“哼！这么一点点工钱，还不够我付酒钱呢！白人以为他们只要付一点点钱，就可以买到所有的东西了吗！”

再向上航行了一段路程以后，史怀哲发现，岸上有许多倒塌的房舍，看起来一片荒凉，好像已经有好长一段时间没有人居住。

身旁的一位船客，看着岸上萧条的景象，喃喃地说：

“二十年以前，我第一次到这儿的时候，这儿曾经是非洲最优秀的部落呢！”

史怀哲好奇地问他：“为什么现在竟然会变成这个样子呢？”

那名船客耸耸肩，难过地回答："都是酒惹的祸。"

那一天的晚上，"亚伦贝"号借着清亮的月光的引导，停靠在另一个岸边，等着装三千捆柴薪，以继续补充船上的燃料。

"如果是白天停靠在这儿的话，"那名船客又开口说话了，"只要船一靠岸，船上的非洲水手，便会一窝蜂上岸去买酒。"

船客告诉史怀哲，他到非洲来已经有二十年了，他到过许多不同的地方，有的部落曾经非常优秀，当地人也非常的勤奋。但是，几年以后，只要有商人进到那些地方，把酒带给当地的非洲人，那个部落便很快一蹶不振。

这天晚上，史怀哲就在奥果维河上度过。

白天听了这些凄怆的历史，史怀哲对非洲悲惨的命运，一直耿耿于怀，让他一整夜都没有办法安睡。

"现在，我更肯定自己的计划。在这片广大而贫瘠的土地上，正需要我这种有坚强意志的人来协助他们。"史怀哲告诉自己。

抵达兰恩巴涅

凌晨时分，“亚伦贝”号收起锚，再度起航，在奥果维河上航行了七八个小时以后，终于看到兰恩巴涅平缓的山丘了。

“亚伦贝”号响起一阵嘹亮的汽笛声通知岸上的人，驾驶独木舟前来载人和取货了。

半个小时以后，“亚伦贝”号停泊在固定的停泊点，等待岸上的人前来接应。不久，一只细长的独木舟，向着“亚伦贝”号划来。

独木舟由一群非洲学生划着，他们配合着划桨的动作，嘴里唱和着号子，给人生龙活虎的感觉。

船上还有一位白人，他就是传教士克利史托尔。这只独木舟，便是由他指挥的。

又隔了一会儿，由传教士艾尔列贝尔率领的另一只独木舟，也迅速地驶近“亚伦贝”号。

原来，两位传教士分别率领男子学校的低年级和高年级学生，比赛划独木舟来迎接史怀哲。他们互相约定，先到的就载史怀哲夫妇，后到的只好载行李了。

结果，由传教士克利史托尔率领的低年级学生获胜，史怀哲就搭上低年级学生的独木舟，前往兰恩巴涅。

史怀哲夫妇在克利史托尔和一群年轻学生的扶持下，登上了摇摆不停的独木舟。当独木舟一划出水面，史怀哲便觉得有一种说不出来的恐惧。

因为独木舟是用整条原木刨空做成的，船身又浅又窄，坐在上面的人，只要稍微一动，船身就会左右摇晃，失去平衡。

不过，半个小时以后，史怀哲已经能够习惯独木舟的轻快穿梭，不再提心吊胆了。

上岸以后，史怀哲和岸上等候的许多非洲人一一握手问好。然后，在克利史托尔夫人、女教师劳贝尔特和技能传教士卡斯特等人的引导下，登上兰恩巴涅山丘，来到一座木造的房子前面。

史怀哲将行李放在地上，和妻子静静地坐在皮箱上面，仔细地观察周围的景色。

附近有许多大大小小的湖泊，到处是巨大的树木，远看山脚下的奥果维河流域，竟然像一条白色的带子一样，悄悄地蜿蜒在一片又一片的密密丛林之间。

太阳逐渐偏西，黄昏时刻已经来到了。礼拜堂的钟声叮叮当当地响了起来，周围陆陆续续来了许多孩子。

孩子们到了传教所以后，在传教士的指导下，引吭高唱着圣歌，而四野的蟋蟀，也唧唧唧唧地唱和着，好像在为孩子们清纯可爱的歌声伴奏一般。

史怀哲夫妇在克利史托尔先生的家里，接受了晚餐的款待。

吃过晚餐以后，孩子们一个个提着灯笼，在传教所的阳台前面集合，一起合唱一首旋律优美的诗篇。他们用美丽和谐的歌声，欢迎史怀哲夫妇的到来。

聚会结束后，孩子们提着灯笼，越过山丘，回到自己的家。史怀哲从阳台上，看到一盏一盏鹅黄色的灯逐渐远去，最终消失在山丘的后面，心里涌起一阵感动。

第二天清晨，当传教所的钟声响起，远处陆陆续续传来学生们唱和的赞美歌，史怀哲知道，从今天开始，将是一连串崭新的日子，一切都将重新开始。

传教所前面的告示牌写着：

“史怀哲医师才刚刚抵达这儿，一切医疗工作还在筹备的阶段，所以没有办法马上看病。请各位在三个星期以后，再到这儿来看病。”

告示张贴出去了，可是，却没有一个人遵守。病人源源不断地前往史怀哲的住所，急切地请求史怀哲立刻医治。

史怀哲一面要负责筹备工作，连带来的行李、医疗器材、药品等等，都还没有拆封、归位，一面又要面对源源不断前来的病患，一时间又找不到翻译的人，让他焦急得不知道如何是好。

抵达兰恩巴涅之前，史怀哲曾经在沙慕特遇见一位非洲籍牧师，那位牧师知道史怀哲的计划以后，曾经答应，要过来担任他的翻译兼助手。

但是，等史怀哲到了兰恩巴涅以后，却迟迟不见那位非洲牧师的踪影。

病人实在太多了，只是靠彼此的比手画脚，实在没有办法确切了解病人真正的病情。史怀哲急需一位既能听懂非洲人的话，也能了解史怀哲说的话的助手。

史怀哲赶紧派人到非洲牧师住的村落，去催促他立刻动身。牧师回答说，他马上就来。但是，史怀哲等了又等，牧师就是不来。

艾尔列贝尔先生知道这件事情以后，笑着告诉史怀哲：

“像这样的事情，以后还会有很多，你还会碰到一连串的折磨。总之一句话，非洲人是靠不住的！”

史怀哲一面筹备医务所，一面医治蜂拥而来的病人，心里一直祈祷，七十箱行李赶快运到。因为主要的医疗用品，都在那七十箱行李里面呢！

好不容易，行李终于到了。不过，载运行李的蒸汽船远远停靠在奥果维河的主流，不肯驶到支流来。

船长的理由是：“每一条支流都那么陌生，万一船开过去，碰到麻烦的状况，没有办法开出来的话，我的损失就太大了！”

后来，恩格摩的技能传教士知道了这件事，便带领着十几名非洲人，划着独木舟，帮忙从蒸汽船上把行李载运到兰恩巴涅。

非洲人驾着大大小小的独木舟，把七十箱行李载到兰恩巴涅丘陵地的时候，传教所的人统统出动，从岸边把行李一件一件地搬上山丘，搬进史怀哲的住所。

史怀哲的行李实在是太多了，即使传教所的人全部出动，外加青年学生的热心帮忙，仍然搬了三天，才能全部搬完。

行李搬到以后，史怀哲先打开药品箱，把药品和医疗器材搬到壁橱里面。这个壁橱是卡斯特先生特意为他们做的。

史怀哲每天在屋外的空地上，为病人一一治疗，常常要工作到黄昏，视线模糊以后，才结束一天的工作，返回住所休息。

不过，碰到下雨天就很惨了。

鸡舍诊疗所

史怀哲心想，这样下去不是办法，他决定把住屋旁边那个以前用来养鸡的小屋子，腾出来作为暂时的诊疗所。

这间鸡舍的屋顶有许多漏洞，阳光可以直接照射下来。窗子也没有可以遮阳的窗帘，加上当地很少有风，所以非常的闷热。

但是，不管鸡舍里如何闷热，为了避免太阳照射得日晒病，史怀哲只好在工作中都戴着帽子。

在前往非洲的途中，史怀哲曾经遇到一位好心的乘客告诉他："非洲的太阳，是人类的敌人，只要走到屋外，记得一定要戴帽子，否则会得日晒病的！"

那位乘客告诉史怀哲，有一位欧洲人到饭馆吃饭，他吃完饭付钱的那几分钟，不小心被屋顶缝隙照下来的太阳晒到，竟然就发高烧倒了下去。

还有一个人在奥果维河乘坐一条小船到别的地方去，一不小心船搁浅了，戴在头上的帽子也被水冲走了。他坐在搁浅的小船上等待救援的时候，忽然想起不能让头直接晒到太阳，便赶紧脱掉上衣遮住头部。但是，就在他准备脱下衣服时，他已经得了日晒病，昏了过去。

史怀哲刚开始还不太相信那位乘客的话，觉得他不过是用这些话，夸大非洲的蛮荒而已。等到自己在非洲生活以后，才切身感受到非洲的阳光，确实非常厉害。因此，他也养成了戴帽子的习惯。

史怀哲的医疗工作正式开始不久，终于幸运地找到了一位非洲人担任他的翻译兼助手。

那是一个偶然的机会，史怀哲在医病的时候，发现有一位会说法语的非洲人，长得很机敏，看起来也很能干的样子。

史怀哲希望他能做自己的助手，便问他："你叫什么名字？"

非洲人回答说："我叫约瑟夫，我原来是白人的厨师，因为身体不好，才辞掉工作回来治病的。"

史怀哲问他："我这儿正好缺少一位助手，你愿不愿意来担任我的助手呢？"

约瑟夫高兴地点头回答："我愿意！"

这位厨师助手很能干，也很幽默。他常常用菜名来代指人体的各部分，或各个器官。比方说，"这位男士说他的左胸肌会痛"，或"这位女士右边的炸排骨会痛"，等等。

终于，诊疗室可以正式启用了。史怀哲负责治病，白太太管理医疗器材，并且担任手术时候的副手，约瑟夫则是翻译和打杂。

诊疗的时间，从早上八点钟开始。按照排队的次序，一个一个地看。

每天早上，助手会先将医院的规则，一条一条地念给病人们听，并且要他们严格遵守。

医院的规则一共有五项：

（一）不可以在医师家附近吐痰；

（二）等候看病的病人，不可以大声地吵闹；

（三）上午没有轮到看病的病人，需自己准备午餐，等到下午再看；

（四）没有经过医师的同意，自己留在传教所的病患，将不再发给他药物，而且要他马上回家；

（五）装药的瓶子和罐子，用完以后一定要送还诊疗所。

约瑟夫将医院的规则，分别用嘉洛卡语和保安语两种土著语言说一遍，只见病患们拼命地点头，也不知道是不是真的听懂了。

医院所以要叮咛病患们，将装药的瓶子和罐子还回来，最主要的原因，是医院的药罐不足。

兰恩巴涅的温度很高，药品如果没有放在铁皮罐子或者有软木塞的瓶子里面，很容易变质。史怀哲前往非洲的时候，并没有考虑到这个问题，所以随身携带的瓶子、罐子很少。他开始医病以后，便时常向熟识的人索取不用的瓶子、罐子。但是由于需求量非常庞大，所以仍然不够用。

为了增加药品的寿命，史怀哲只好一面写信回欧洲，向朋友们求救，请他们多寄来一些瓶子和罐子给他；另一方面，则严格要求病患将带回去的药品用完以后，把装药品的瓶子和罐子，送回医院来。

不过，病患常常忘了送回装药的容器。有时候，史怀哲派人去催讨，他们会说“我丢掉了！”或者“我不知道放到哪里去了”。

有的时候，史怀哲会因为这样的事，和病人大吵一架呢！

在非洲医病，最晚只能医到黄昏。因为那个地方有一种蚊子，咬了人以后，就会让人得昏睡病。这种蚊子在夜晚的时候特别活跃。所以一到黄昏，史怀哲就会叫那些还没看病的人先回去，明天再来看。

现代巫师

奥果维河沿岸的居民，称史怀哲为“欧刚加”，在土著的语言里面，“欧刚加”是巫师的意思。

非洲人一向认为，人之所以会生病，是因为受到魔鬼的作法，所以他们在向史怀哲叙述病情的时候总是说：

“那只虫起先是在脚上，后来沿着我的腿往上爬，经过腹部，现在已经到了我的心脏了。”

也有的会说：“那只可怕的虫，现在正在咬我的脑袋，欧刚加，请你帮我把脑袋里面的虫赶走。”

史怀哲每天要看三四十位病人，他们最常得的病有：皮肤溃疡、疟疾、象皮病、昏睡病、癞病、心脏病、化脓性溃疡、热带性赤痢等。

另外，患疥癣的病人也不少，得这种病的人，皮肤会痒得没有办法入睡。大部分的病人，都会忍不住去抓痒，而把全身上下抓出一条一条伤痕。这些伤痕常常会化脓，使病情更加恶化。

史怀哲治疗这种病的方法，是让病人先跳到河里，把全身上上下下统统洗干净，然后把硫黄粉末、椰子油、沙丁鱼油和软性肥皂调匀作为软膏，涂抹在伤口。病人只要涂抹三次就可以完全好了。

通常，史怀哲看过病、开过药方以后，都要一再地嘱咐病人，给他带回去的药，是用作吃的，还是用作涂的，每一次的分量是多少。

但是，即使这样一再地叮咛，病人们仍然常常会搞错。有的人会将两三天的药量，一口气喝光；有的人将外治的药膏，吃到肚子里去了；也有的人将应该吃进去的药粉涂在皮肤上。

虽然搞错用药方法的病人不少，但是被史怀哲治好的病人更多。所以史怀哲的名声，很快就传遍了奥果维河流域的各个部落。

史怀哲第一次带到非洲的药品，在两个月左右就已经快用完了，他急忙写信回欧洲，再一次大量订购药品。

经过两个多月的工作，史怀哲深切地体会到，非洲的居民，确实很需要医师来帮助他们。“即使只有几位医师，也能帮他们很大的忙。”他常常这样想着。

史怀哲的病人中，有许多心脏病病人。他们看到史怀哲只是用听筒，在他们的身上按几下，就能知道他们生病的情形，都觉得非常惊讶。

有一位患了心脏病的女人，诚恳地告诉约瑟夫：“先生，像他这样的人，才真正是一位伟大的医师。”

和心脏病患者比起来，非洲地区的精神病患者却少得多，因此史怀哲觉得很奇怪。

后来，他才知道在那个地方，一个人只要患了精神病，通常都会被族人用残酷的方法处死。

萨姆吉他地区，有一位传教士曾经告诉史怀哲：“两年前的某一个星期天，我到邻近的村庄去办事，突然听到一声尖叫声，我赶紧过去。一位非洲人挡住我的去路，告诉我没有什么事，他不过是在挖孩子脚上的跳蚤而已。两天以后我才知道，原来有一位精神病患者，被绳子捆起来，丢到河里去。”

有一天，史怀哲被一个非洲人领着，来到一片椰子树林里，请他救救一个被绑在树上的女人。

史怀哲看到女人的四周升起一圈火，她的族人们静静地围在火圈外面，冷漠地看着她。

“立刻把她的绳子解开！”史怀哲用命令的口气说。

周围的人你看着我、我望着你，大家都一动也不动。过了好一会儿，才有一个人站起来走到妇人的身边，慢慢地解开绳子。

当绳子快要解开的一刹那，妇人突然尖叫一声，向史怀哲冲了过去，并且把史怀哲手上的灯笼抢了过去，用力往地上一丢。

站在四周的非洲人看到妇人的病又发作了，立刻一哄而散。

史怀哲一面安慰那位妇人，一面替她注射镇静剂，然后把妇人带到诊疗的小屋子里，让她静静地躺下来，慢慢地入睡。

看到妇人的病情稳定下来，史怀哲知道妇人得的是“周期性

躁郁病”，只要好好治疗，还是可以治好的。

两个星期以后，病人不再发作了，非洲人也就更佩服史怀哲了。他们都争着互相传告：“那位医师真是高明啊，不论我们得了什么病，他都可以为我们治好呢！”

不久以后，史怀哲却碰到一个他没有办法医治的病人。那是一个男子，被人绑着送到诊疗所来，他的身上到处是一条一条淤血的痕迹，手指头也沾了许多血。

史怀哲立刻为他注射镇静剂，可是一点儿效果也没有。

两天以后，约瑟夫告诉史怀哲：“医师，不管你用什么方法，都挽救不了他的性命的，因为他是被人下毒的。”

果然像约瑟夫所说的一样，那位病人身体慢慢衰弱，终于在十天以后死了。

后来，卡托利兹库传教所的牧师们告诉史怀哲，那位被人下毒的非洲人，曾经欺侮了别人的妻子，对方为了报复，才偷偷在他的食物里面下了毒。

史怀哲到这个时候才知道，非洲地方有一个习俗，就是如果有人发生不名誉的事情，别人就会用下毒来惩罚他。

这一件事情让史怀哲想到，这里一定会种有有毒的植物，他实在很想知道，到底是哪一种植物，有这么强的毒性。

史怀哲经常利用治病的时候，询问他的病人，但是没有人肯告诉他。后来，他也问他的助手们，仍然没有人肯告诉他。原来非洲人都把这种药草，当成他们部落的秘密，绝对不可能告诉外人，要是有人对外人说出这个秘密，一定会被族人处死的。

还有一种植物让史怀哲很好奇，那就是可以让人很兴奋、精神很好的东西。史怀哲曾经听人家说过，吃了那种植物以后，一点儿也不会觉得饿，即使是划船划一整天，也不会累、不会饿。

不过，不管史怀哲怎么打听，也不管史怀哲问谁，仍然没有一个人肯告诉他那种植物的名字，或者生长在哪里。

史怀哲到非洲行医几个月以后，发现在非洲地区，常常有小孩患肺炎死掉，而这些可怜的孩子们，起初不过是患了感冒而已，只因为大人不注意，才让小孩的感冒转变成可怕的肺炎，甚至夺走孩子们宝贵的生命。

因此，史怀哲经常提醒非洲人，孩子如果患感冒，最好也能带到医院来看病，以免病情加重，造成不可收拾的后果。

首次开刀

史怀哲到兰恩巴涅的第四个月，也就是一九一三年八月十五日，有一个情况很危急的病人，被送到诊疗所来。

史怀哲看到那位病人一脸痛苦的表情，腹部的两边都肿了起来，而且一直放屁，他判断：这是一位脱肠的病人。

脱肠就是肠道发生阻塞，不能正常排泄，肠子里积聚了太多该排出体外的废物，便挤向两边，使肚子的两边肿大。

通常得了脱肠的病人，肚子都会一阵阵绞痛，让他们痛得受不了。这种病情非常危急，如果没有马上开刀的话，病人就会在几天内死去。

因为鸡舍的环境太脏，实在不适合动手术，所以史怀哲原本打算在新的诊疗所盖好以前，不能给病人开刀。

可是，看到这位病人痛得难以忍受的表情，而脱肠病情危急，必须及时治疗，否则随时有生命危险，史怀哲决定：马上为病人动手术。

史怀哲立刻动手准备开刀所需要的地方，以及各种医疗器具。克利史托尔先生特别将佣人的房间腾给史怀哲当成临时手术室。史怀哲的太太在一旁协助麻醉工作；另一位传教士也被临时抓差，担任史怀哲的助手。

这是史怀哲第一次为非洲当地人开刀，心里有点儿紧张。他默默地向上帝祈祷，希望借着祷告，让自己的情绪稳定下来，他希望上帝能够帮助他，顺利地完成这次的手术。

等情绪稳定下来以后，史怀哲便开始专心地为病人动手术。

这次手术非常成功。

从此以后，兰恩巴涅附近几百公里地方，只要有人脱肠，都会在家人的搀扶下，来找史怀哲治病。

史怀哲会依照他的老习惯，把手轻轻地放在病人的额头上，轻声地安慰他："你放心吧，一个小时以后，你就会进入梦乡，一点儿都不再觉得疼痛。等到你醒来以后，你肚子的疼痛，就会消失得无影无踪了。"

接着，史怀哲的太太便开始为病人注射麻醉药，约瑟夫则在一旁，准备着各项需要的器具。

等手术完成以后，三个人就在旁边，一面休息，一面静静地等病人的药效消退、清醒。

通常当病人睁开眼睛的时候，会好奇地看着上下左右，然后

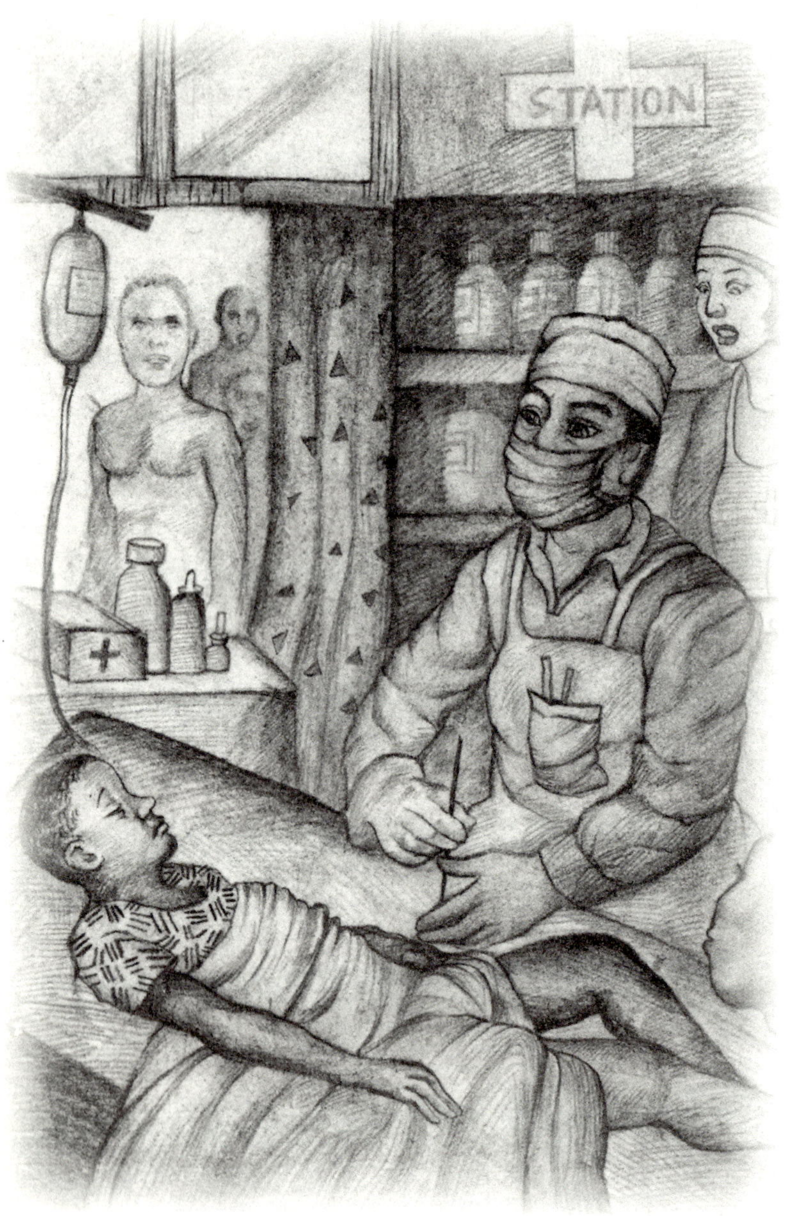
STATION

很高兴地告诉史怀哲："真的不痛了！"随即握紧史怀哲的手，感激地一直道谢。

碰到这种情形，史怀哲都会很高兴，他又救活了一位非洲病人。他同时也很感谢这些病人这么信任他，把他们自己宝贵的生命，交托在他的手中。

到了十一月的时候，医院诊疗室和手术室终于建好了。前面一间是诊疗室，后面一间则作为手术室。诊疗室的前面，还有两个小房间，一间做药房，一间是消毒室。

到了十二月，新的候诊室和病房也盖好了。

所有这些木制的房子，屋顶都铺着树叶，树叶上面再覆盖着铁皮，这样就不怕风吹、雨打、太阳晒了。

但是，盖好了房子，里面空空的，也还是没有办法当医院，史怀哲便向病人和看护宣布："现在，我们的医院已经建好了，不过，里面还需要一些病床，请看护们和病情比较轻的人，去为大家做一些病床吧！"

看护和病人们听了史怀哲的话，便搭乘小船去采集木材，也有的到野外去捡一些干草回来。

到了晚上，已经做好了几张床，干草则铺在床上当作被垫。

有了这些病房以后，史怀哲和他太太的工作，反而增加了许多。

因为普通病人不可以和传染病人住在一起，所以史怀哲便隔了两个小房间供传染病人或霍乱病人单独使用，以免他们把病传染给其他病人。每天做完诊疗工作以后，史怀哲还要一一巡视病房。

而史怀哲的太太，除了在诊所给史怀哲帮忙，准备医疗用品以外，动手术的时候，还要负责麻醉病人。史怀哲常常说：“没有到过非洲、不了解这儿的人，绝对不会了解我太太是多么的辛苦。”

因为一般的非洲人，只做自己分内的事情，其他的事一概不管。

史怀哲按照当地的习惯，雇用了一个男工、一名厨师和一位洗衣服的人。男工专门负责扫房间和养鸡，厨师只管煮饭、做菜，洗衣服的人只管洗衣、晒衣和熨烫衣服。

每一位工人都是只管自己的工作，自己的事情做完以后就休息，不管别人怎么忙，都不会插手帮忙。也就因为这个缘故，除了工人分内的事，其他的工作都是史怀哲太太的事了。

扩张医院

为了要增建医院，史怀哲雇用了几个非洲人来帮忙。他起先很信任地把工作交给工人们自己去做，自己则专心地在医院里看病。

但是，每天看完病以后，他会在黄昏的时候，到工地去查看进度。一连三四天，他看到的进度都慢得让他受不了。

到了第五天，史怀哲再也忍不住了，他气得指责那些工人，为什么不好好地认真工作。

其中一位非洲人告诉史怀哲："先生，你不要生气，生气是没有用的。要怪也只能怪你自己，谁要你一天到晚都在医院里忙，也不来监督我们工作。如果你一直在旁边看我们工作的话，我们会忙得更起劲的。"

从那次以后，凡是雇用非洲人工作的时候，史怀哲都会尽量抽出时间，留在工地监督非洲人的工作。

另一个让非洲人认真工作的方法，就是不要让他们轻易地回到居住的地方。也就是说，如果工作的地点，距离他们居住的部落很远，不是一两天就可以往返的话，非洲人就会努力做完部分工作，等领到薪水以后才回家，而不会三天两头就想要开溜。

经营农场和森林砍伐的商人，都深深了解非洲人的这项习惯，所以从来不雇用附近部落的非洲人。他们总是到遥远的部落去找工人，然后用独木舟，把工人运到工作的地点，并且和那些工人签订一年的契约。

此外，他们付给工人薪水的方法，也和别的地方不一样。他们每个星期发一次薪水，不过每次都只发半薪，剩下的一半，等到契约期满的时候，才一次发齐。

这种办法虽然很好，不过，到远地工作的非洲人，仍然常常因为思念家乡，而到附近的商店去喝酒，如果身上的钱不够，他们就会向店主赊欠。这样积欠下来的酒债，也相当可观，往往等到他们工作期满，领了剩下的一半薪水，就必须原封不动地付给商人了。

因为这个缘故，许多非洲人到远地辛辛苦苦地工作了一年，回家的时候仍然和刚来的时候一样，身上没有什么钱。

史怀哲还发现，非洲人就像孩子一样，要管他们，最好的方法就是让他们觉得，你像爸爸妈妈，或像老师、长官一样，很有权威才行。

如果把他们当成好朋友，和他们一起生活、一起讨论，他们便会轻视你，甚至不把你的话当一回事。

有一次，史怀哲发现，他有一只木箱子被白蚁蛀了一个洞，他立刻把木箱子拆开，请工人把拆开的木箱子，丢到河里去。

史怀哲告诉工人："请你把这些木箱子的板子，丢到河里去。如果放在这儿，白蚁会蔓延到医院生火用的木材，把可以用的木材统统都吃掉。"

工人遵从地回答："好的，我会照您的吩咐去做。"

那时，太阳已经快下山了，史怀哲还有好多事要忙，他就自顾自地去忙自己的事了。

到了晚上十点钟左右，史怀哲忙完了一天的工作，想起黄昏的时候交代工人的工作，他心里有些儿放心不下，便提着灯走出去看。

他走到生火用的木材旁边时，发现他拆下来的木板竟然还堆在那儿。其实，那拆下来的板子，离河边不过30多米的距离而已。但是，工人就是懒得去完成。

在史怀哲所有的医疗工作当中，使病患最有兴趣的，就是麻醉手术。他们常常跟别人说："那位医生总是先把病人杀死，然后再为病人治病，把病人救活。"

也有的病人，被史怀哲治好病痛以后，会感激地告诉他："先生，这二十块法郎，是您开刀以后，替我缝肚皮的钱。"

食人族的传说

一九一四年的一月底，史怀哲带着太太，到塔那库卡去为传教士哈路曼看病，他在那儿停留了大约半个月，顺便为附近的居民看病。

在塔那库卡的时候，史怀哲遇见一位小病人。他的家人带他来看病的时候，他的眼神充满了恐惧，紧紧抱住大人，死也不肯踏进史怀哲的诊疗所。

史怀哲奇怪地问男孩的家人："他为什么会怕成这个样子呢？"

男孩的家人回答："他怕你会吃掉他。"

可能是男孩平常很调皮，喜欢捣蛋或到处乱跑，他的家人因此恐吓他，如果跑到别的地方，会被可怕的食人族吃掉。所以他到史怀哲的诊所来，才会怕成这个样子。

不过，在非洲当地，确实有食人族的说法。

不过，史怀哲每一次问当地人有关食人族的问题时，他们都不肯说。因为他们相信，如果把这种秘密告诉外人的话，会遭受重罚。

不久，史怀哲又听说，在兰恩巴涅的一个非洲人，千里迢迢地跑到很远的地方去讨债。后来就一直没有回来，也没有一点儿消息。另外一个在萨姆吉他工作的人，到另外一个部落去办事，也不见踪影。

每当听到这一类的消息，当地人就会说：“他一定是被人吃掉了！”

离开塔那库卡以后，史怀哲在萨姆吉他的传教士家里住了两天。他们到了以后，才知道这儿是非洲豹的产地。史怀哲想，那些失踪的人可能与非洲豹有关。

那一天晚上，传教士莫内鲁和家人，都已经沉沉地进入梦乡。

忽然，鸡舍里传来一阵鸡群惊慌的叫声，接着又是阵阵鸡飞狗跳的嘈杂声。莫内鲁夫妇被这一阵吵闹声惊醒，慌忙起身。

他们以为是小偷，不料却看到非洲豹跳走的背影，于是他们赶紧跑到鸡舍去。当他们看到鸡舍里面的二十几只鸡都被非洲豹撕咬得乱七八糟时，难过得说不出话来了。

莫内鲁先生气极了。他随即回到屋里，取来一些毒药，塞进一只死鸡的身体里面，然后把鸡丢在门口。

不久，非洲豹果然又回来了。看到门口的鸡，便立刻快乐地吃起来。没有多久，非洲豹便中毒死了。

由于非洲丛林里面，有各种大、小动物，有的很可爱，有的却很危险。为了保障旅途中的安全，史怀哲也和其他的人一样，出门一定会带着一把枪。不过，他却很少用枪射击无辜的动物。许多

非洲人都觉得，他是一个很奇怪的人。

有一次，史怀哲乘船出去，忽然看到河边有一只鳄鱼探出头来，史怀哲只是瞪着那只鳄鱼看，并没有拿枪去射击。非洲人看到史怀哲这个样子，都露出不高兴的表情，而且彼此叽叽喳喳地交谈，好像在批评史怀哲的样子。

后来，他们要求翻译员告诉史怀哲：

“你难道不知道你应该怎么做吗？如果换了另一位白人的话，他一定会把鳄鱼射杀的。”

史怀哲对于非洲人的抱怨，只是微笑着，没有生气，也不回答。

自从小时候那次射鸟的经验以后，史怀哲就再也没有要伤害动物的想法了。

在非洲地区，他时常看到有些人拿枪随便射杀小鸟或猴子。那些小动物被射杀了以后，不是高高地挂在枝叶间，就是掉进泥沼里，沉进土里面，猎人自己根本拿不到猎物。但是却可以看到那些小动物的“亲人”，在枝丫或沼泽边，围着它们死去的亲人伤心难过。

史怀哲每次看到这种情形，心里都非常难过，他觉得人们如果失去了亲人，会非常的难过。动物失去亲人，也会一样的难过，人们实在不应该只是为了图自己开心，伤害那些无辜的生命。

当然，为了自己，史怀哲也还是有开枪的时候。比方说，如果他在家里的地板上发现了一条毒蛇，或者在家门口的树上发现凶猛的动物时，为了自己的安全，他就会发射子弹了。

伸出援手

史怀哲后来又多了一位佣人，这是为了救他的生命，史怀哲才把他留在身边的。

那位佣人的名字叫作恩肯袭。有一天，恩肯袭慌慌张张地带着一位病人到诊疗所来，请史怀哲治病。

那位病人的腿被河马咬伤了。史怀哲虽然为他的大腿施行了手术，但是，并没有挽回他的生命。

这个时候，那位病人的兄弟们，互相嘀嘀咕咕的，好像在商量什么事。

约瑟夫把史怀哲悄悄拉到旁边，告诉他："依照他们族里的习惯，如果两个人一起出去，其中有一个人受伤，或者死去，另一个人就要负全部的责任。"

史怀哲问他："他们要恩肯袭负什么责任呢？"

约瑟夫回答："恩肯袭必须跟着尸体，一同回到他们的部落，任凭对方的处置。我看，病人的兄弟们，一个个都很凶恶的样子，恩肯袭回去以后，恐怕是凶多吉少呢！”

经过约瑟夫的解说以后，史怀哲便告诉病人的兄弟们：“恩肯袭是我的佣人，他必须在我这儿工作，不能跟你们一起回去。”

病人的兄弟们不肯，他们告诉史怀哲：“我们不会叫恩肯袭赔偿损失，更不会杀害他的。”

这时约瑟夫小声地告诉史怀哲：“他们说的话是靠不住的，你可千万不要相信啊！”

约瑟夫还提醒史怀哲，在他们上船以前，史怀哲都必须严密地监视他们，否则他们一定会把恩肯袭绑在船上，偷偷地带回去。

当然，史怀哲没有让病人的兄弟们把恩肯袭带走。从此，史怀哲也就多了一位助手。

史怀哲为非洲人治病的时候，常常会告诉他们：“我们会到这儿来替你们治病，是主耶稣基督的意思，而我们来这儿的旅费，和为你们治病所花费的钱，则是欧洲的白人给的。”

非洲人听了史怀哲的话，往往会很好奇地问：“他们是什么人呢？”“他们到底住在哪里呢？”或“他们为什么会对我们这么好呢？”

有的时候，史怀哲也会想到：“如果那些欧洲的朋友，现在也能和我在这儿工作、生活，大家共同为理想而奋斗的话，不知道有多好！”

有一段时间，史怀哲患了脓疡。因为兰恩巴涅没有第二位医师，也就是说，没有其他的人可以医治史怀哲的病，所以他只好到卡普·罗贝斯，找军医为他治疗。

没有想到，史怀哲和他的太太在前往卡普·罗贝斯的途中，脓疡竟然不药而愈了。史怀哲便转往塔那库卡，在传教士莫内鲁的家中休息。

这段时间，史怀哲为了好好地休养，每天坐在阳台的摇椅上面，一面观赏风景，一面想着非洲人的生活。

他知道，早在三十年前，西非洲和赤道非洲，便已经开始有人在采伐木材了。虽然非洲有无数的树木，但是，采伐以后要怎么运出去，却是一个很大的问题。在非洲，树木如果不是生长在沿河流域地带的话，是没有什么经济价值的，因为根本没有办法运送。

在那些原始森林里面，有许多盘根交错的巨大树根，而且森林里面，也有许多沼泽。如果要在这样的地区开采木材的话，除非附近有河流，可以用河水来运送木材，否则，要在又是盘根错节，又是沼泽地带的森林里面，开一条运送木材的道路，那一笔庞大的费用，可能用采伐木材的收益也远不够支付呢！

所以在非洲地区从事木材生意的商人，会先选择适合砍采的地点。

非洲当地人对于原始森林的地理情形非常了解。他们知道哪个地方的林木茂盛，而且邻近河流，适合采伐；哪些地方的林木，不适合采伐。不过，非洲人通常不会把正确的信息告诉白人，总是让白人自己去摸索。

如果是在河流的小支流砍伐木材的话，就必须等河水涨潮时，河水灌进小支流形成一条水较深的、河面较宽可以运送木材的河道，然后利用这些临时形成的河道，把木材运到奥果维河去。

采伐木材的队伍找到理想的砍伐地点以后，就立即雇用伐木工人到林地去。他们会先盖好工作房，然后储存粮食。他们通常都吃米和欧洲运来的罐头。非洲人很喜欢吃欧洲罐头，虽然进口罐头又贵又不好吃，可是非洲人却觉得很珍贵。

开始工作以后，工人们先将树木砍倒，然后锯成一段一段的，再一一拖到河道上。

砍伐的工作，通常在六月到十月之间进行，到了十一月和十二月，河水涨潮的时候，就必须把所有伐好的木材，统统运到河道上，再送到奥果维河中。

如果错过这段时间，没有运出去的木材，在阴湿的森林里面，会很快地腐烂掉，那么，商人的损失就会很大了。

战争爆发

抵达兰恩巴涅的第二年八月初，史怀哲要约瑟夫去看看有没有船要开往卡普·罗贝斯。

约瑟夫回到诊疗所以后，交给史怀哲一张便条，上面写着：“战争即将爆发了。现在，欧洲的每一个国家、每一个地方，已经都在总动员了。我们的船可能会被政府征收使用，所以没有办法知道什么时候会再开往卡普·罗贝斯。”

没多久，大部分的船只都被调回国了。没有了船只，木材就没有办法运出去。那些被商人雇用来砍伐木材的非洲人，没有事情可做了。

但是，这个时候也没有船只可以运送他们回故乡。他们没有办法，只好成群结队，徒步走回去。

很多非洲人会问史怀哲：“你不是说，欧洲人都信仰上帝吗？你不是告诉我们，上帝叫人要爱人吗？为什么那些欧洲人会违背上帝的旨意，用战争来互相杀害呢？”

碰到这种情形，史怀哲只能默默地摇头叹息。

这一场战争，使非洲人不再信任欧洲人，也不再信仰上帝。史怀哲辛苦了一年，好不容易累积起来的成果，很快便被战争破坏殆尽了。

为了不让非洲人觉得欧洲战争越来越可怕，史怀哲特别叮咛太太：“从欧洲寄来的报纸和文件，要赶快收起来。如果让佣人们看到战争的悲惨照片，会有许多不良后果。”

史怀哲实在不希望让非洲人看到战争的残酷情形，而造成对欧洲人的反感。

虽然，欧洲战火阻碍了医药及日用品的运送，但史怀哲的医疗工作仍然继续进行。

他常常心怀感恩地想：“战争的阴影笼罩着整个欧洲，不少生命丧失在炮火中。而我却能够在非洲地区，默默拯救这儿的病人，真要感谢上帝赐给我这个恩典。”

由于战争的缘故，欧洲方面的捐款和补给品都全部断绝。为了节省经费，史怀哲和约瑟夫商量：“因为现在医院的经费非常短缺，我希望你能暂时领半薪，帮我渡过这个难关，不知道你愿不愿意？”

约瑟夫稍微考虑了一下以后，回答说：“做那么多的事，却领这么一点点薪水，会让我觉得没有自尊。医师先生，实在非常抱

歉，您还是让我辞职回家吧！”

虽然约瑟夫是个很认真、很好的助手，但史怀哲实在没办法支付那么高的薪水，只好让他辞职了。

约瑟夫临走前，史怀哲塞给他两百法郎说：“这是我的一点心意，你用这些钱去买一个太太吧！”

史怀哲的医院，原来是不收费的。因为战争爆发的缘故，外来的补给完全断绝，所以只有靠自己自力更生。因此，史怀哲开始向一些比较有钱的病人，收取一些医药费，作为补贴。

由于战争的关系，大家都很穷困，医院的收入也几乎等于零，相反的，病人反而越来越多了。

通常，欧洲人在非洲工作四五年以后，都会回故乡去做健康检查，顺便休养自己的身体。战争爆发以后，这些人没办法回家去休养，便都到医院来了。

碰到这种病人的时候，史怀哲就会特别叮嘱太太煮几道家乡味的拿手菜，让他们觉得仿佛回到故乡一样。史怀哲称他太太的拿手菜，是“最好的药方”。

那些欧洲人在史怀哲的医院住上几个星期，得到史怀哲太太悉心照顾饮食起居以后，很快就又恢复精神，回到工作地点继续工作了。

有的时候，史怀哲的诊疗所，一连来了两三个需要休养的病人，床位不够分配，他便把自己的卧室让给他们住，自己则睡在阳台上。

史怀哲和他的太太，比起这些欧洲人来说，健康情形是好多了。不过，他们也感染了轻微的热带性贫血，所以很容易觉得疲倦。再加上蛀了几颗牙齿，所以史怀哲也常受到病痛的折磨。

不过，史怀哲的精神却一直很好，一点也没有因为这些病痛，而影响到治病的工作。并且他经常会在黄昏或晚上休息的时候，一个人独自坐在面向阳台的书桌前，清闲地看书呢！

史怀哲所看的书，都是瑞士的大学教授们，远从瑞士寄给他的。

每当史怀哲坐在书桌前，静静享受读书的乐趣时，他才有机会聆听到风轻轻吹过树梢发出来的沙沙声，还有青蛙在池塘边“呱呱呱”嘹亮的叫声。

偶尔，森林里会传来一两声猛兽的吼叫声。这个时候，趴在阳台上的小狗，便会吓得低声呻吟，急急忙忙跑到史怀哲的脚下，静静地坐下来，一动也不敢动。连旁边的小鹿也会抬起头来，望着史怀哲，似乎想寻求他的保护。

这个时候，史怀哲就会放下手边的书，轻轻拍拍小狗的头，摸摸小鹿的背，安慰它们，让它们知道，主人会在旁边保护它们。

战争的阴影

除此之外，史怀哲也经常利用中午休息的时间和星期天的下午练钢琴。他觉得在这片寂静的森林里面，弹奏巴赫的乐曲，比较容易进入巴赫的音乐世界里。

在这片原始森林里生活了两年的史怀哲，深深体会到：受过教育的人，或者经常会去思考的人，比较适合居住在这片单调的森林里面。因为受过教育的人，可以有很多的时间看书、写字，一点儿也不会觉得无聊；而经常思考的人，更可以经常沉醉在自己的思想世界里，对人生会有更深一层的领悟，也比较容易获得心灵的解脱。

在兰恩巴涅，或者整个非洲的原始森林里面，时间几乎是凝滞的。住在这里的人，根本不会想去看报纸，也不会想知道文明世界里，人与人、国家与国家之间激烈的竞争。

史怀哲觉得在文明世界里，强烈地弥漫着一股“人定胜天”

的思想，大家的想法都是：人是至高无上的，自然环境必须配合人的需要，做无止境的改变。

而在原始森林里住久了，却会感觉到自然社会的伟大，相对地，也会感觉到人的渺小和空虚。在这儿，有许多自然环境的力量，比人要大得多，人只能去适应环境，根本不可能要环境来适应人。

一次大战的战况越来越激烈了，在奥果维河沿岸工作的欧洲人，一个一个地接到召集令，回国当兵去了。

非洲人眼看欧洲人一个个回去以后，都不再回来了，而外来的物资也越来越少了，于是忍不住说：“他们为什么不赶快进行谈判呢！再这样打下去，战死的人会越来越多啊！”

史怀哲的厨师，每次看到邮差，都会关心地问：“战争结束了没有？”每当他听到全世界还笼罩在战争的阴影里时，整个人就会露出悲伤的神色。因为欧洲运来的食品，已经完全用完了，新的食物又无法运进来，难怪他每天都会为了不知道要煮什么菜，而摇头叹息了。

因为粮食的来源断绝，有一位传教士便雇用了一位非洲猎人专门打猎，把猎到的野兽拿来给他们加菜。

由于非洲地区的野猴子很多，跟人比较亲近，所以比较容易捕获，那位猎人因此经常拿猴肉给传教士当餐桌上的主菜。

传教士每次拿到猴肉的时候，都会送一块给史怀哲，他告诉史怀哲：“没有欧洲运来的牛肉和鸡肉，吃吃这儿的猴肉也不错。

而且，猴肉吃起来的感觉，很像兔肉呢！”

史怀哲很感激传教士的好意，可是每当猴肉端上餐桌的时候，他脑海中就会想起树林里面，那一只只可爱、活蹦乱跳的猴子，结果是一口也吃不下去。

有一位非洲人还苦笑着对史怀哲说：“医师，我们现在还有猴肉可以吃，已经是很不错的了，以后如果连猴子都没有的话，恐怕只好吃人肉，来填饱肚子喽！”

万能的传教士

一九一六年七月，非洲地区已经进入旱季了，奥果维河沿岸的非洲人，纷纷出外打猎去了。非洲人有了忙碌的工作以后，便不会再因为一点点小病痛，就到诊疗所来请史怀哲看病，史怀哲因此有一段比较清闲的时间。

这一天的黄昏，史怀哲看完了病，身边没有什么特别重要的事要做，便带着太太到河边的沙滩上去散步。

向晚的风从河口吹过来，解除了史怀哲一天的辛劳，他回头望着山腰上的传教所，心里忽然感触横生。

“非洲地区的传教士，要做的事情实在太多了，哪里像欧洲的传教士们，可以专心地担任传教的工作呢！”史怀哲心里想。

每一个传教所都有一位所长，负责管理整个传教所的工作。所长下面有好几位传教士，他们有的专门负责传教，有的担任男子学校或女子学校的老师，另外的就做其他的工作，如果懂得一些医学知识的，就兼任医生。

好几年以前，非洲的世塔拉古卡传教所曾经发生过这么一件事：所长霍特带着太太和儿子，到传教所去任职。当他们一家人住进所长宿舍的时候，发现每天都会有许多蚊子、苍蝇和小昆虫，在房子里面飞来飞去。不管怎么赶、怎么扑灭，总是旧的走了、死了，新的又飞进来。

他们仔细地检查房子里的每一个地方，都没有发现这些小昆虫，到底是从哪里飞进来的。可是，如果不找出蚊虫进来的洞孔，又怕每天遭受蚊虫的侵扰，万一被叮到，传染了热带地区的疾病，那可就麻烦了。

后来，霍特所长才发现，蚊虫进来的地方，原来是在他们的床铺底下。

霍特所长马上询问世塔拉古卡传教所里有哪位懂得水泥工，可以帮他把床铺下面的洞补起来。

结果，没有一个人会补那个洞。最后，霍特所长只好自己动手，买了水泥和沙，想把破了洞的墙补起来。

没有想到，因为他对水泥的工作外行，根本不知道要怎么做。所以光是修理一个墙角的破洞，竟然忙了一个月的时间，才总算把洞补好。

由此可见，在非洲地区的传教士们都要有一技之长，凡是生活上发生了问题，都必须自己去解决，不像在欧洲或其他比较文明的地方，墙壁破了，可以请水泥工修理，没电了，可以找电工。

不过，在所有的技术当中，农学技术和医学技术，是当地最迫切需要的两项能力。

一般的非洲传教所附近，都会有传教士栽种的农作物，有的种香蕉，有的种咖啡，也有的会种些蔬菜，作为日常的生活之用。

如果传教士懂得农学知识，不但可以增加自己传教所的收益，还可以借着教导非洲人栽种的机会，让他们相信上帝是万能的。

而具医学常识的传教士，在非洲地区，更是像个宝贝一样。因为非洲地处热带地区，有茂密的森林，温度高加上草木丛生，自然容易滋生许多病菌，非洲人患病的机会，因此非常的多。

但是，非洲地区比较落后，缺乏经过训练、学有专长的医生。非洲人如果生病了，只好请当地巫师替他们作法。他们以为生病是因为身体里面有魔鬼的关系，巫师作法，可以祛除身体里面的恶魔，身体自然就会健康起来。

可是，一般说来，巫师可以作法的病，都只是小病，真正被河马咬伤、脱肠等严重的疾病，就没有办法了，所以非洲人还是很需要医生。而这也就是为什么史怀哲在非洲地区，这么受当地人尊敬和欢迎的原因。

一般在非洲的传教所，为了维持自己的工作经费，多半会开商店来贴补。商店里卖的货物都是从欧洲运来的，包括盐、石油、铁钉、渔具、香烟、锯齿、小刀、斧头、布料……生活中需要用到的东西应有尽有。

通常非洲人每个星期会有两天或三天，带着他们采收的水果和晒好的鱼，到传教所的商店里，用他们的东西交换需要的货品。

除此之外，传教所的所长还要为他们建立的学校，花费许多的心力。例如搭建校舍用的木材，学生读书的文具用品，都是要请人从欧洲运过来。

由于非洲地区穷人很多，所以有不少小偷。传教所里，有许多好东西，因此经常会有小偷光顾，而捉拿小偷的责任，也就落在所长肩上了。

甚至有人争吵或者打架，也常常会到传教所来，请所长评评理。所以有的传教所所长，会笑着说自己："除了做警察以外，还要当法官。"

也有的所长会说："我整天为这些事忙来忙去，一个人静下来休息的时候，常常会奇怪地想，这样的工作，是传教士应该做的吗？"

肩负教学重任

兰恩巴涅传教所负责的区域非常的广，最远地区距离传教所有一百公里。因此，来传教所读书的学生，没有办法每天通勤，他们多半住在学校的学生宿舍里面。

传教所附设的学校，上学的时间是从十月到第二年的七月间。来这儿的学生，不论吃、住统统都免费。不过，学生必须帮助传教所做一些简单的工作。

学生星期一到星期日上午的作息时间都很紧凑，星期天的下午则是团体活动的时间。平时，男女学生会一起去划独木舟，度过一个愉快的下午；但如果遇到旱季时，他们便一起在沙滩玩游戏。

一九一六年，那年史怀哲的太太，因为长年劳累，且长期居住在非洲原始森林里的缘故，身体一天比一天衰弱了。

有一位朋友知道史怀哲太太的情形以后，告诉他："我在奥果维河河口的卡普·罗贝斯地方，有一间工寮空着没有用，如果你

们愿意的话，欢迎你们住到那儿去养病。”

那位朋友原来经营木材生意，卡普·罗贝斯的工寮，就是伐木工人的宿舍。自从第一次世界大战以后，木材没办法运出去，工人统统离职回家了，这间工寮因此就一直空了下来。

史怀哲带着太太，在工寮里住了快一年。这一年当中，史怀哲经常到奥果维河去钓鱼。可能由于天天可吃到新鲜的菜，加上河口的空气较内陆干燥，也比较没有污瘴的沼气，史怀哲太太的脸色，逐渐从原先的苍白没有血色，转变为有了红润的光泽。

到了一九一七年，雨季结束以后，史怀哲便带着太太返回兰恩巴涅了。

当他们回到兰恩巴涅的时候，史怀哲的诊疗所前面，已经有许多霍乱病人，等着他来医治了。

这些罹患霍乱的病人，都是在被军方征召到克尼阿湾的卡美隆去工作时感染的。

一次，史怀哲正在为一个脚部患了严重溃疡的病人治疗，有一位非洲人跑来告诉患者：“你弟弟已经被军方征召，就要到远方去工作了。”

病人听了急着说：“我要陪弟弟一起去，我不放心让弟弟一个人自己到远方去。”

史怀哲告诉他：“你的脚已经溃烂得这么厉害了，如果没治好就出远门的话，也许还没到那儿，就会死在路上了。”

但是他坚持要去，根本不听史怀哲的劝阻。史怀哲没有办法，只好牢牢地抓紧他，不准他走。

苦难的非洲人

大战期间，史怀哲经常在恩格摩，看到许多被军方征召的非洲人，正搭乘船要到卡美隆去工作。

码头上挤满了那些非洲人的家族成员，每一个人的脸上都充满忧伤，甚至有的人已经忍不住，号啕大哭起来。

船起航后，码头上送行的人看着船身渐去渐远，再也见不着自己亲人的身影以后，便低着头，拖着沉重的脚步回家去了。

这个时候，史怀哲看到一位老太太蹲在地上，把头深深地埋在腿上低声哭泣。史怀哲悄悄走到她的身边，轻声安慰她，但是，她是那么的悲哀，连史怀哲的安慰，都起不了任何的作用。

那位老太婆是来为儿子送行的。大战期间，许多被征召的人，都有去无回，难怪老太婆会这么悲伤。

许多非洲人被军方征调去当搬运工人，搬运的东西都非常沉重。但是因为战争的关系，粮食不够，工人常常吃不饱。劳累加上饥饿，使得许多工人在搬运途中突然昏倒，有的便因此而死亡。

这些意外死亡的工人，常常被随便丢弃在路旁，没有人理睬。许多人知道这些残忍的状况以后，都生怕自己的家人，被军方征调去做工。

虽然在非洲这片原始森林里，史怀哲遭到过许多困难，也看到许多令他伤心、失望的事情。但是，四年多以来，他仍然觉得当初决定到非洲来行医，是一个正确的选择。

在这儿生活久了，他觉得非洲人生活在这片湿热的土地上，生命力比欧洲人强得多。在欧洲找得到的病，非洲地区也都看得到。但是，欧洲人只要有一点点儿不舒服，就会马上去看医生；而非洲地区却有好几百万人，天天与病魔斗争。由于非洲地区的医生太少，许多地区根本找不到医生，没有人可以为病患治病，那些病患只好听天由命了。如果能够自然痊愈，当然就很令人兴奋，但是，却有更多的病人，天天遭受病魔的折磨，直到死神前来召唤，才得以解脱身上的病痛。

史怀哲很高兴自己能学得医学的技术，到这片荒野来为这儿无辜的非洲人服务。有的时候他会想：白人到底对非洲的黑人做了哪些事呢?

想到这个问题，他心里就会很难过。因为只要白人到的地方，就会导致好些非洲民族的灭亡。白人为这片纯朴的热带非洲，带来文明世界的酒、香烟和疾病。对这一片可爱的原始地带，造成重大的伤害。

史怀哲常常想：如果把白人在非洲地区造成的灾害，一一记录下来的话，一定会让许多人伤心、难过，也会让许多人羞愧得抬不起头来。

想到这里，史怀哲就会觉得，他用自己的能力服务非洲人，等于是替其他白人，对非洲地区的罪行做一些补偿的工作。

和平使者

HEPING SHIZHE

史怀哲深入非洲行医，受到土人的敬爱，有人称他为『非洲的圣人』，更有人称他『爱与和平的使徒』。

成为法国俘虏

一九一七年的九月，史怀哲接到法国军方的通知，要他们马上把行李准备好，搭乘下一班船离开兰恩巴涅，到法国的俘虏营去报到。

当时，因为德国和法国交战，德国籍的史怀哲夫妇，不可以在法国属地兰恩巴涅工作。

传教所的传教士和附近地区的黑人们，知道史怀哲夫妇马上就要离开了，都纷纷放下手边的工作，赶到诊疗所来，替他们整理药品和医疗器具。

史怀哲知道，他必定有很长一段时间，没有办法回到兰恩巴涅来，为这儿的病患服务，所以把诊疗所里面的东西统统整理好，放在木制的小盒里面。

这段时间，史怀哲本来正在写一本有关文化和哲学的书，为了避免在途中被法国军人没收，他便把文稿交给福特先生，请这位美国籍的传教士，暂时替他保管。福特先生果然不负重托，战争结束以后，立刻把稿子安全地交还给史怀哲。

在史怀哲将要离开兰恩巴涅的时候，有两位患了脱肠的非洲人，被送到诊疗所来急救。史怀哲一看到病人，立刻放下手边的工作，马上为病人动手术。两位病人就这样被救回了宝贵的生命。

到了启程的那一天，兰恩巴涅附近的非洲人，在河岸边一字排开，为史怀哲送行。他们实在舍不得这位救过他们生命、解除他们病痛的医师远去。

当史怀哲夫妇和其他要被送往法国俘虏营的德国人，登上停在岸边的汽船时，传教所的所长特别走上前来，双手紧紧握住史怀哲的手说："我代表住在兰恩巴涅的人，向您献上最诚挚的感谢。我相信，以后我们还有碰面的机会。"

另外一位白人也悄悄地走上前来。他原来住在卡普·罗贝斯，因为史怀哲曾经替他的太太治过病，他一直想找个机会报答，所以特别带了一些钱前来送行。

他小声地告诉史怀哲："我想，您到法国俘虏营以后，会很缺钱用。我这儿有一点点钱，请您收下来，不要客气。"说着，便把钱递给史怀哲。

史怀哲把钱推了回去说："谢谢你！我的身边还有一点儿钱，这些钱已经足够我们用了。"

上了船以后，所有的俘虏，统统都挤在船舱里，由一位法国士官严密地监视着。这位士官非常的严厉，既不准俘虏们互相交谈，也不让他们写字，每个人只能乖乖地坐着。

史怀哲觉得好无聊，为了排遣航行中的无聊，他便在心里面暗暗哼着巴赫的遁走曲和一些熟悉的交响乐曲。

管理他们的士官，虽然对这些俘虏非常的严厉，但是，船上的一位服务员却常照顾史怀哲夫妇俩，而且对他们特别亲切。

史怀哲并不认识那位服务员，所以心里一直觉得奇怪。

服务员知道史怀哲的心里一定有许多疑问，便找了一个机会告诉他："我并不是为了贪图小费才对你们好的。我知道俘虏们都很穷，根本不可能给我什么好处。"

经过服务员的解说，史怀哲才明白，原来几个月以前，曾经有一位绅士也搭乘这艘船，那位绅士曾经一再地叮咛服务生："如果有一位在兰恩巴涅当医生的德国人，以俘虏的身份搭乘这艘船的话，请你替我好好照顾他们，因为那位医生曾经帮了我很大的忙。"

也就是这个缘故，那位服务员才特别照顾史怀哲夫妇俩。

船在海上航行了一段时间后，终于停靠在波尔多。史怀哲和其他的俘虏就从这儿被转送到外国人俘虏收容所去。

住在收容所的三个星期中，史怀哲不慎感染了霍乱。还好他随身带着治疗霍乱的药，所以很快便治好了。

三个星期以后，史怀哲他们又被转送到加雷森俘虏所。这个俘虏所在西班牙的国境内。

有一天晚上，忽然来了两位宪兵，他们到了俘虏所以后，便告诉史怀哲夫妇，他们是奉令来接两人出去的。

史怀哲夫妇听了以后，急忙收拾行李。

不久，史怀哲夫妇就被转到加雷森收容所去。这儿原来是一座古老的修道院，因为长久以来已经没有人居住了，所以外墙都已斑驳不堪了。

他乡遇故知

抵达加雷森收容所的第二天早上，史怀哲正在修道院的中庭观看这座古老院落的时候，忽然，有一位俘虏走近史怀哲的身边，对他说："请问您是史怀哲先生吗？我是波凯罗工程师。您如果有什么困难，请告诉我，只要我的能力办得到，我一定为您效劳。"

史怀哲转头看着波凯罗，却觉得这个人的脸孔非常陌生。

经过波凯罗的解释，史怀哲才了解，波凯罗的太太在南非收容所里的时候，曾经患了重病，后来，一位德国人给了他一张史怀哲开的药方，才治好波凯罗太太的病。波凯罗因此一直很感激史怀哲，希望也能有机会为史怀哲服务。

波凯罗的话，勾起了史怀哲的一段回忆。记得公元一九一四年战争刚刚爆发的时候，有一位德国籍的木材商人，从兰恩巴涅被调到法国属地南非殖民地达荷美的收容所。

在木材商人将要远行以前，史怀哲和他的太太，赶忙配了许多种救急的药，每一包药上面还贴上了说明的标签。

史怀哲把药交给木材商人，告诉他："你把这些药带去俘虏营，俘虏营里面没有医生，如果俘虏们生了病，这些药正好可以救急。"

史怀哲心里猜想，也许波凯罗的太太就是因为这个缘故，才会吃到他配的药，而治好了病的。

但他万万没有想到，当时只是觉得应该用这个方法，解除无辜的俘虏们的病痛，却因此救了人，而被救的人现在居然就站在自己的眼前，真叫人感到无比快慰！

波凯罗到仓库里面，找来一些废弃的木板，替史怀哲做了一张桌子。

有了这张桌子以后，史怀哲不但可以在桌子上面写字，还可以把桌面当成琴键，在上面练习弹琴。

过了几天，收容所里面有一位被俘虏的音乐家问史怀哲："罗曼·罗兰有一本《今日的音乐家》的书，您知道吗？"

史怀哲点点头，回答："是的，我知道。"

那位音乐家接着又问："书里面曾经介绍过的一位音乐家，名字叫作阿尔伯特·史怀哲，不知道是不是您？"

史怀哲再次点点头，回答他："是的，我就是阿尔伯特·史怀哲。"

音乐家高兴地说："那太好了。不知道您是不是听说过，有一些音乐家经常在仓库里办演奏会？”

史怀哲礼貌地回答：“对不起，我才刚到这儿，还不知道这件事呢！”

音乐家热情地欢迎他，希望他参加他们的音乐会，史怀哲欣然同意。

那些仓库里的音乐家们，在战争爆发以前，曾经是巴黎咖啡馆里面的演奏人员。战争爆发以后，他们才被关进收容所。

在加雷森收容所里面，这些音乐家们只要经过主管的同意，就可以利用闲暇时间，在仓库里演奏。有了音乐做伴，他们的日子变得惬意而自在。

不久，又有另外一批人，从别的地方，被调到这儿来。

这批人到了加雷森收容所以后，便一直批评这里的伙食太差劲了。

加雷森收容所的厨师，曾在巴黎第一饭店担任厨师，他的烹调技术，在当时非常的有名，现在，有人批评他烹调的伙食不好，他非常的不高兴，便和那批人争执起来。

收容所的所长知道这件事以后，就把争执的人都找到所长办公室来，问他们：“你们中间有人曾经担任过厨师吗？”

“没有，我的职业是做皮鞋。”其中一个人回答。

另一个人说：“我是盖房子的。”

也有的是专门做帽子，或做其他行业的人。

所有人当中，没有一个人的本行是厨师。不过，他们都曾在以前的收容所里帮厨师做过事，知道一点点烹调的诀窍。

所长问完话以后，告诉他们：“好，从现在开始，请你们担任收容所的厨师。我让你们试着做两个星期，如果你们做得比现在还好的话，以后收容所里面的伙食，就由你们负责。”

“但是，万一你们做得比现在还要差的话，那我就不客气了，我会把你们统统监禁起来。”所长最后提醒他们。

那批人接下了厨房的工作后，做菜的材料并没有很大的改变，不过，吃起来的感觉，确实比原先的厨师好多了，原先那位厨师便被赶出了厨房。

有一天，史怀哲很好奇地问他们：“你们为什么可以把伙食烹调得比一流的厨师还好呢？”

他们得意扬扬地回答：“我们的方法很多啊！不过，我们认为最重要的一点，还是我们在伙食中，加了很多爱心。”

加雷森收容所里面，只有史怀哲一个人曾经当过医生，起初，只要有俘虏生病，史怀哲就会主动为病人治病。但是，所长却告诉史怀哲：

“收容所里面的医疗工作，让这儿的军医来做就好了。”因此，史怀哲就不再替别人看病了。

可是，病人一天比一天多了，到了最后，军医实在没有办法医治这么多人了，史怀哲知道军医的人手不够以后，便又主动地从旁协助。

这一回，所长没有再禁止了。

不久，所长还拨了一间小房间给史怀哲，让他可以在房间里，安心地替收容所里面的病人看病。

有了自己的房间以后，史怀哲不但可以自由地替病人治病，还可以趁没有病人的时候，安心地写写稿或练练琴，除了不能走出加雷森收容所以外，其他简直又和以前一样了。

在加雷森收容所里面，史怀哲也看到了许多不幸的人。

每天晚上，当收工的喇叭声响彻加雷森收容所时，大家便放下手边的工作，开始一段自由活动的时间。

有的俘虏会回到自己的寝室休息；有的仍留在运动场上，无目的地走来走去；也有的就在走廊前面，看着外面白茫茫的雪景。几乎每个人的眼神都是呆滞的，神情也无精打采，而且每个人都是一副营养不良的样子。

一到冬天，收容所里就变得非常寒冷，但设有暖气的房子只有几间，因此许多俘虏都被安排在没有暖气的房子。

劳累加上营养不良及寒冷，许多俘虏因此病倒了。

以前，这些俘虏有的是工程师，有的是厨师，也有的是音乐家。但来到这儿以后，过去的一切都起不了什么作用，每个人都只是被监禁在这儿的俘虏而已。

也就是这个缘故，以前只要有点儿病、痛，马上有医师代为医治；有一点儿寒意就马上加上暖和的衣服，打开暖气。

而现在，再也没有这么好的待遇了，即使因为寒冷、饥饿和劳累而病倒，也没有什么人会理你了。

不过，除了没有办法再享受过去的生活和荣耀以外，收容所里面，倒也是一个很好的学校呢！

这里有德国人、土耳其人、希腊人和巴尔干人。他们从事的职业有艺术家、建筑师、裁缝师、学者、鞋匠、银行董事长、经理、牧师、工人、商人、传教士和船员等。

在加雷森收容所里，如果想要知道哪一方面的事，根本不必去翻书，只要去询问那方面的专家，每个人都会不厌其烦地，把他所知道的，从头到尾仔仔细细地说一遍。

由于收容所里面的生活非常的单调，每个人每天都过同样的生活，做同样的事，大家都觉得很无聊，所以只要有机会做做其他的工作，大家就会很高兴。

曾经有一个人送给史怀哲太太一块布料，收容所里面的裁缝师知道这件事情以后，都拥到史怀哲的房间里来，他们殷勤地告诉史怀哲太太：“让我来为您剪裁好吗？我不收取任何费用，只是想借这个机会，再拿针缝制衣服而已。”

收容所里面的人，只有船员比较能够忍受这种单调的生活，这可能是因为他们长年在一望无际的海上生活，早已经习惯了寂寞的日子吧！

一九一八年的春天，史怀哲夫妇离开了加雷森收容所，转到圣雷米收容所。

史怀哲在圣雷米收容所里面，遇到了许多过去的好朋友，其中有一名俘虏，名字叫作李普里希，过去曾经是史怀哲的学生。

现在，李普里希已经是一位教师了。史怀哲和李普里希得到收容所的允许，每个星期天，可以带领其他的俘虏，在收容所里面做礼拜。

有了这个机会以后，史怀哲又可以时常站到台前，向亲爱的同胞们传道了。

圣雷米收容所的所长，是一位非常随和的人。每次俘虏们向他提出一些请求的时候，他总是说："按照常理来说，我们是不可以同意俘虏们的要求的。不过，只要你提出的请求不触犯法令，我还是可以斟酌办理。"

所长所说的"斟酌办理"，其实就是"同意"的意思。因此，俘虏们所提出来的请求，几乎都没有被所长打过回票的。

史怀哲夫妇被安置在一间很宽敞的房子里面，这间房子里面有暖炉，烟囱从房子的这一端，延伸到另外一端，通到外面去。

他觉得这间屋子很熟悉，后来他才想起来，原来这间屋子曾经在凡・高的画上出现过。

刚到圣雷米收容所的时候，史怀哲非常的清闲，每天都可以写自己的文稿，因为收容所里面，有专门的医生，可以为俘虏们看病。

后来，那位医生因为交换俘虏的关系，被遣送回国，他的治病工作，才落到史怀哲的肩上。

在收容所的这段时间，史怀哲因为感染过霍乱的关系，健康状况一天比一天差，而史怀哲太太也因为天气太寒冷，身体日渐瘦弱，他们两人的健康每况愈下，所以行动都有些儿不方便。

收容所里面允许俘虏们集体散步，不过，史怀哲夫妇很少和大家一块儿散步，因为大家的步伐都非常的快，他们很难跟得上。所以别的俘虏在集体散步的时候，他们只好留在屋子里面。

圣雷米收容所的所长，了解了史怀哲夫妇的困难后，便经常亲自陪着他们夫妇俩，在附近走走。史怀哲夫妇两人对于所长的体恤，心里都非常的感激。

恢复自由

一九一八年的七月十二日晚上，史怀哲夫妇已经就寝了，却被收容所里面的守卫叫醒了。

守卫告诉他们，法国和德国交换俘虏，他们也被列入交换名单中，明天早上就要被送回国了，要他们夫妇赶紧整理行李，明天早上好随着交换俘虏的队伍回国。

第二天早上，史怀哲怀着依依不舍的心情，到所长的办公室向他道别。

此后好久，他们都还保持通信。圣雷米收容所所长，在写给史怀哲的信中，都称他为“亲爱的寄宿人”。

史怀哲夫妇离开收容所后，就和其他俘虏一起被送到车站，搭乘遣返俘虏的火车。

这辆火车经过瑞士，最后抵达德国。沿途每一次靠站，都有大批的俘虏下车，返回自己的家乡。

路途非常遥远，加上走走停停的，史怀哲夫妇觉得火车似乎走了好久好久。

史怀哲看到沿途到处是一片苍凉的景象，不但田园消失了，房舍炸毁了，连路上的行人，一个个也是面黄肌瘦。他在心里暗暗地难过："战争毁坏了多少家园，伤害了多少人的生命财产！为什么还有人这么喜欢战争呢？"

火车终于驶到琼斯巴赫。不过，从车站回家的十五公里，不但没有火车，也没有汽车，完全要靠双脚走路。

史怀哲走在回家的路上，看到遭受炮火轰击的家乡，已经再也看不出过去的影子了，心里难过得说不出话来。

他心里有许多的感慨，想当初也是在这个地方，和家人挥手道别，踏上前往非洲的旅途。

那个时候的琼斯巴赫，还是个宁静且充满生命力的小城镇呢！谁知道经过一场战火的洗礼，小镇竟然像个垂死的老人一样，充满灰暗的感觉。

回到家里，见过家人以后，史怀哲的霍乱又复发了，家人赶紧陪他到斯特拉斯堡去就医。

病好了以后，史怀哲便留在斯特拉斯堡市立医院，担任医师助手，救助战乱中的乡民；同时，他也兼任圣尼哥拉教堂的副牧师，开始传道的生涯。

不久，战争结束了，阿尔萨斯又一次从德国的手中，重回法国的怀抱。

这时，史怀哲因为健康情形不好，便隐居在斯特拉斯堡，想借这个机会好好休养。

不过，史怀哲在战争期间，由于大战的关系，他不得不借钱来维持医院的开销。现在，大战已经结束了，他还是没有能力筹措到足够的钱还债。而且，他也没有多余的钱，可以回非洲经营兰恩巴涅的医院了。

有一天，史怀哲在散步的时候，向大主教提出了他的困扰。

大主教告诉他："筹钱的办法多得很，你可以在瑞典举行几次管风琴演奏会和演讲，相信一定很快就可以筹到足够的经费了。"

大主教说过以后，立刻替史怀哲写推荐信，并且带着他到处去拜访有名望、有钱的人士，希望他们支持史怀哲的理想。

几场演奏会和演讲会下来，史怀哲果然募到不少经费，终于把借的钱统统还清了。

在瑞典开完演奏会和演讲会以后，史怀哲又回到斯特拉斯堡，开始写《在水与森林之间》，这是他在非洲行医的回忆录。

这本书除了出版德文版以外，还被翻译成瑞典文、法文、英文、荷兰文、丹麦文、葡萄牙文、中文等版本出版。

史怀哲写完回忆录以后，又继续整理《文化哲学》的稿件。

在这段时间里面，史怀哲经常接受各方面的邀请，到处举办哲学和宗教的演讲会，也有的地方邀请他去演说在非洲行医的生活，或者请他去开演奏会。

史怀哲一面写稿，一面到处演讲，积聚的资金越来越多。等到《文化哲学》写完以后，史怀哲决定再回到兰恩巴涅去。

一九二四年二月十四日，史怀哲再度启程，回到令他怀念的兰恩巴涅。

这一次，史怀哲带了牛津大学化学系的两名学生——诺耶尔和基尔斯庇一同前往。史怀哲太太因为健康情形欠佳，没有和他们同行。

在波特港搭船的时候，海关检查史怀哲的行李，发现他带了满满四大袋子的信，便好奇地问他："你带这么多信要做什么？"

史怀哲回答："这些都是朋友写给我的信，我在欧洲的时候，忙得没有时间回信，所以打算在船上一一回复。"

海关人员不相信史怀哲的话，坚持要检查信的内容，便把信一封封抽出，花了一个半钟头，好不容易检查完两袋，没有发现什么可疑的地方，只好摇摇头放弃还没看的两袋信，让他们上船。

久违了！兰恩巴涅

第二天一大早，史怀哲一行三人抵达兰恩巴涅。

医院的房舍已经坏得差不多了；往医院去的路上也杂草丛生，几乎看不出路的痕迹了。因此，史怀哲抵达兰恩巴涅以后，第一项工作就是整理房舍。而奥果维河流域附近的非洲人，听说医师回来了，都高兴地跑来看他，病人也开始陆续地来到。

从此，史怀哲每天早上为病患治病，中午以后就开始整修房舍。

由于战后各地对木材的需求量大为提高，非洲人都被招募到原始森林里去做伐木工人，所以史怀哲找了好久，都找不到工人帮他修理房舍，最后，他只好自己动手了。

随着病患人数的不断增加，医院里的人手越来越不够了，史怀哲只好写信回欧洲，再请来两名医师和护士，一起到兰恩巴涅来帮他的忙。

到了一九二五年，医院的改建工作总算告一段落。史怀哲放

下榔头以后，便开始握笔写稿。他每天晚上埋首在书桌前，写《使徒巴乌罗的神秘主义论》，这是一本有关哲学的书。

那段时间，非洲地区发生了很严重的饥荒，而且还到处蔓延着可怕的赤痢病。

史怀哲为了让病患有食物吃，常常亲自驾汽艇到远地去买米。

为了防止传染病的蔓延，史怀哲便在河川上游三公里处一个比较开阔的地方，兴建了一所新的医院。他把原来医院里的工作，统统交给理斯曼和拉乌帖尔布尔克两位医师负责，自己则全天候监督赶建新医院。

一年半后，新的医院终于落成启用了。当医生和护士把病人们送到新医院时，病人都高兴地说："医师，这里的房子真好，这儿真是好极了。"

新医院铺了地板，从此，病人再也不必睡在潮湿的泥地上了。

史怀哲还在新医院四周，种了许多木瓜、芒果和椰子树。

那一年的四月，拉塞尔夫人也来到兰恩巴涅，史怀哲便将整理果园的工作交给她，由她来管理非洲园丁。

那些非洲园丁都很听拉塞尔夫人的话，把果园整理得很好。史怀哲这个时候才知道，非洲人比较尊重女性。

等医院的整建工作完全结束后，史怀哲就又回到欧洲，再次以演奏和演讲的方式，筹募医院的经费。

史怀哲在欧洲受到热烈的欢迎，他的演奏会及演讲，遍及瑞典、丹麦、荷兰、英国、瑞士、德国和捷克等国，很快的，他又筹募到一笔可观的经费。

他将筹募到的经费，全部用来扩建医院的房舍，这一次，他改用混凝土建造房舍。

每一回，看到坚固的混凝土房子时，史怀哲就会感慨地想：“这儿原本只是一间鸡舍改造的医院，现在居然可以建造出雄伟的水泥房子了。”

他常常心怀感恩地想：“如果不是那么多鼎力支持我的人捐款、出力，协助我完成这份理想，兰恩巴涅医院也不会有今天的规模。”

其实，这些出钱、出力的人，也都是受到史怀哲的感召，才主动出来协助他完成理想的。

医院里有了其他的医师和护士以后，史怀哲肩上的担子轻松了许多，他更多的时间便是在非洲、欧洲来回跑。在非洲，就安心地当医生；回到欧洲以后，就忙着写稿，参加演奏会和演讲，筹募更多的资金。

一九三九年九月，第二次世界大战爆发了。早在年初，史怀哲便感觉到战争的气氛，立刻大量地购买药品，运回非洲。

幸亏史怀哲有先见之明，大战期间，医院里的医疗用品和药物勉强够用，兰恩巴涅的医院才没有遭遇关门的厄运。

这期间，战火也蔓延到了非洲，还好，医院的声名已经远播，交战双方的人协定“不可以伤到史怀哲博士的医院”，所以不论是空袭或是地面作战，双方的军队都在距离医院好几公里以外的地区交战。也因此，一直到战争结束，史怀哲的医院完全没有受到战事的破坏。

战争爆发以后，美国的朋友们担心史怀哲的安全，经常写信给他，要他到美国去休养一段时间。

但是，史怀哲总是委婉地谢绝了他们的好意，他告诉好朋友们：“我必须留下来，现在正在大战期间，到处乱成一片，我如果自顾自离开了，谁来照顾药局，谁来管理医院大大小小的事呢？所以即使是要休息，也必须要等到战争结束，战局平静以后，我才可以放心地离开。”

一九四五年的一月十四日，史怀哲和平常一样，一大早起床，就开始忙碌的一天。

而此时，世界各地的报纸和电台，都在不约而同地报道史怀哲，并且制作各种特别节目，庆祝史怀哲的七十大寿。

有的人称他为“非洲的圣人”，有的人说他是“原始森林的哲学家”，更有人称他“爱与和平的使徒”。

获得诺贝尔和平奖

八年以后，也就是一九五三年的十月三十一日，史怀哲从收音机里面，听到他获得诺贝尔和平奖的消息。

第二天，他便接到来自各地的贺电。

此前，史怀哲已经获得许多大学的名誉博士学位和许多著名社团的会员资格。而今，他的行为和理想，更让全世界的人景仰，终于获得了令世人仰慕的诺贝尔和平奖。

这个时候，七十八岁的史怀哲，由于长年劳累，健康一天天地衰退，精力也大不如前了。可是，只要有人问起他的健康情形，史怀哲就会笑着说：“其实，我的生活一直都很劳累，但是我从来没有向别人提起过。因为我的好朋友们一旦知道我很劳累的话，就会寄来许多慰问信。而我的工作已经够多了，实在抽不出时间去回复这些慰问信了。”

一九五五年，史怀哲应邀访问欧洲，并且接受英国女王颁赠

的名誉勋章。

两年以后，史怀哲夫人去世了。失去终身伴侣，史怀哲内心的哀痛可想而知。

史怀哲的年纪越来越大了，但是，他仍然每天到医院去，一一巡视医院的四十多栋房舍。

碰到需要动手术的病人，史怀哲也常常走进手术室去，观看年轻医师们悉心地为病患动手术。

如果碰到医师们因为经验不足，而不知如何医治的时候，史怀哲也会和颜悦色地从旁指导。

医院的声名传遍了全世界，人人都知道在兰恩巴涅这个地方，有这么一所医院。

许多患了重病的非洲人，都不远千里地赶来就医，有的甚至远在几百公里以外，划独木舟都要好几个星期呢！

一九六〇年，非洲的加彭共和国独立，兰恩巴涅从此属于加彭共和国的一部分。加彭共和国为了感谢史怀哲在非洲行医的功绩，特别发行了印着史怀哲像的纪念邮票。第二年，还颁赠了一座赤道星十字勋章给史怀哲，表彰他对非洲人民的伟大贡献。

一九六五年一月十四日，史怀哲九十高龄生日的这一天，他的故乡凯萨堡特别发行史怀哲纪念邮票，为他庆生。

兰恩巴涅也为史怀哲举行了简单而热烈的庆生会。史怀哲在热闹的会场上，看到了一张张热情洋溢的面孔，他心里想：“我已

Cigit
Le D' Albert SCHWITZER
nefe 14.1.1875
decede le 4.9.1965

经尽了全力了。多亏大家的帮忙，我才可以没有后顾之忧地来到这儿，救助可怜的非洲人；医院的规模，也才可以越来越大，让我们服务更多的人。”

这一年的九月四日，史怀哲患脑血管循环不良，离开了人间，享年九十岁。

在兰恩巴涅医院的一个角落，一片水与森林之间，竖立着两块墓碑。墓碑的周围，绽放着美丽的鲜花。这是非洲人为史怀哲夫妇立的墓碑，墓前的鲜花，代表了非洲人民对史怀哲夫妇永远的纪念。

史怀哲年谱

公元纪年	年龄	记事
一八七五		一月十四日生于阿尔萨斯凯萨堡。 半年后举家迁到琼斯巴赫。
一八八五	十岁	自小学毕业，进入谬斯达塔儿中学就读。
一八八六	十一岁	全家搬到皓逊，转学到基姆纳休姆中学，寄住叔父家。
一八九〇	十五岁	跟奥根·明希正式学习管风琴。
一八九三	十八岁	六月，毕业于基姆纳休姆。 进入巴黎斯特拉斯堡大学选读神学与哲学。 拜著名管风琴家比德尔教授为师。
一八九八	二十三岁	五月，通过神学考试，获得圣托玛斯教堂的奖学金。
一八九九	二十四岁	七月，获得哲学博士学位。 十二月，到圣尼哥拉教堂担任神职。
一九〇二	二十七岁	三月，回母校斯特拉斯堡大学任神学院讲师。

公元纪年	年　龄	记　事
一九〇三	二十八岁	兼任圣托玛斯神学院舍监。
一九〇四	二十九岁	看到《巴黎传教协会月刊》征求医生启事，引发他前往非洲的意念。
一九〇五	三十岁	出版《巴赫论》法文版。 十月底，入医学院学医。
一九〇六	三十一岁	出版《耶稣生平研究史》。 辞去神学院学生舍监职。
一九一一	三十六岁	获得医学博士学位。
一九一二	三十七岁	六月，和海伦·布列斯劳女士结婚。 到巴黎研究热带医学。
一九一三	三十八岁	出发到非洲，抵兰恩巴涅筹建医院。
一九一四	三十九岁	第一次世界大战爆发。
一九一七	四十二岁	离开兰恩巴涅，进入法国集中营。
一九一八	四十三岁	从集中营被释放，回琼斯巴赫。
一九一九	四十四岁	一月，女儿蕾娜出生。 六月，阿尔萨斯划归法国。
一九二一	四十六岁	出版《在水与森林之间》。
一九二四	四十九岁	再次前往非洲，重建医院。
一九二五	五十岁	父亲去世。

公元纪年	年　龄	记　事
一九二七	五十二岁	迁移到新建的医院。
一九三九	六十四岁	第二次世界大战爆发。
一九四一	六十六岁	夫人海伦重返非洲。
一九四九	七十四岁	六月，到美国参加纪念歌德诞生两百周年演讲会。
一九五三	七十八岁	获得诺贝尔和平奖。
一九五七	八十二岁	向全世界呼吁停止核爆试验。 夫人海伦去世。
一九六三	八十八岁	史怀哲医院设立五十周年。
一九六五	九十岁	九月四日，在非洲逝世，安葬于夫人的墓旁。

图书在版编目（CIP）数据

史怀哲 / 陈月文编写.—西安：陕西人民出版社，2013
（世界伟人传记）
ISBN 978-7-224-10878-1

Ⅰ.①史…　Ⅱ.①陈…　Ⅲ.①史怀哲，A.（1875～1965）—传记—青年读物②史怀哲，A.（1875～1965）—传记—少年读物　Ⅳ.①K835.656.2-49

中国版本图书馆CIP数据核字（2013）第243299号

著作权合同登记号：25-2012-184

本书中文繁体字版本由东方出版社在台湾出版，今授权陕西人民出版社有限责任公司在中国大陆地区出版其中文简体字平装本版本。该出版权受法律保护，未经书面同意，任何机构与个人不得以任何形式进行复制、转载。

项目合作：锐拓传媒copyright@rightol.com

世界伟人传记 · 史怀哲

编　　写：陈月文

出版发行：陕西出版传媒集团　陕西人民出版社
地　　址：西安北大街147号　邮编：710003
印　　刷：西安市建明工贸有限责任公司
开　　本：880mmx1230mm　32开　6.375印张
字　　数：115千字
版　　次：2014年2月第1版　2014年2月第1次印刷
书　　号：ISBN 978-7-224-10878-1
定　　价：17.00元